谨以本书纪念
开台王颜思齐开发台湾400周年

开台王
颜思齐传

何池 著

九州出版社

图书在版编目（CIP）数据

开台王：颜思齐传 / 何池著. -- 北京：九州出版社，2023.10
ISBN 978-7-5225-2516-7

Ⅰ．①开… Ⅱ．①何… Ⅲ．①颜思齐－传记 Ⅳ．①K828.9

中国国家版本馆CIP数据核字(2023)第235676号

开台王——颜思齐传

作　　者	何池 著
责任编辑	王海燕
出版发行	九州出版社
地　　址	北京市西城区阜外大街甲35号（100037）
发行电话	(010)68992190/3/5/6
网　　址	www.jiuzhoupress.com
印　　刷	鑫艺佳利（天津）印刷有限公司
开　　本	720毫米×1020毫米　16开
印　　张	9.75
字　　数	120千字
版　　次	2024年3月第1版
印　　次	2024年3月第1次印刷
书　　号	ISBN 978-7-5225-2516-7
定　　价	40.00元

★版权所有　侵权必究★

序 一

本书作者何池先生与我同是闽南老乡，他是漳州市委党校教授，现为闽南师范大学两岸一家亲研究院特聘教授。我很早以前就看过一些他写的研究台湾史的专著和文章，为他的研究选题之敏锐、论据之翔实、论点之独到而深感钦佩。我们以后有幸在研讨会上相识，年逾七旬的老学者身体健朗，谈起两岸关系特别是台湾开发史总是侃侃而谈，神采飞扬，本人受益匪浅。今天，我很高兴看到他的新著《开台王——颜思齐传》已经杀青，并即将付梓。何教授希望我为这本书写个序，我很是诚惶诚恐，毕竟我不是研究台湾史的学者，实没有资格写这个序。然而承蒙何教授一再坚持，我只得硬着头皮，谈几点想法以为序。

一是从书中所述及的资料可以看到，由于已逾古稀之年的作者为搜集传主的资料所付出的艰辛和心血，才有了今天这本书。书中为我们展现了一个平凡的历史人物，却在历史的大时代中打拼出具有历史意义的辉煌成就。一个今天闻名两岸的"开台王"，起点只是个裁缝匠，是没人注意的普通凡人，却能在机缘巧合之间成就一番事业，成为祖国大陆汉民族有组织、大规模开发台湾第一人，其中有偶然，亦有必然的成分。因为颜思齐遇见一个大时代——大航海时代，又因性格豪爽结识了一批英雄豪杰，所谓"一个篱笆三个桩，一个好汉三个帮"，虽然人生短暂，却轰轰烈烈，两岸留芳，令人景仰。时代召唤英雄，英雄不负时代。颜思齐成为那个时代中国人民开拓台湾的代表，也代表着台湾与祖国大陆休戚与共、形成命运共同体的历史潮流。

二是书中所涉及的历史人物还有在开辟"海上丝绸之路"（以下简称"海丝"）的商业活动中，做出了重要贡献、当时已闻名东南亚的海上商业巨擘李旦。李旦是史料较少提及的重要"海丝"人物，也是我们今天研究古代"海丝"人物的薄弱点。这位重磅"海丝"人物的生平事迹亦在书中得以反映，对今天我们加强对古代"海丝"领域的研究，对贯彻习近平总书记提出的"一带一路"倡议，都有着积极的现实意义。

三是本书写作手法独特，既以史实为脊骨，又有报告文学的笔法，每章还精心设计了悬念，再加上数十幅的珍贵插图，汇聚而成既有学术性，又具可读性、通俗性的科普读物，应该说，从全书效果看，用这种写作手法来写传记是成功的，这也是本书的亮点之一。

四是本书的出版正逢其时。当前，台湾岛内"台独"势力猖獗，民进党当局把中国台湾史篡改成"台独"史，"去中国化"的"文化台独"大行其道，给台湾青少年带来深重的精神毒害。本书从两岸同胞共同开发开拓台湾的角度，展现了习近平总书记所说的："台湾是中国一部分、两岸同属一个中国的历史和法理事实，是任何人任何势力都无法改变的！"因此，这本书也是给"台独"势力以有力回击的确凿史料。

杨毅周

2019 年 10 月 24 日

杨毅周：中华全国台湾同胞联谊会副会长

序 二

在台湾的民间和史界，早就流传着一位从"海寇"到"开台王"的传奇故事，这位传奇人物，就是从闽南走出的武艺高强的裁缝师傅。那么，他又是如何从裁缝匠到"海寇"，又如何从"海寇"变成"开台王"呢？这个疑问，今天从何池先生所写的这本书里找到了比较圆满的、完整的答案。

台湾从一座海上荆莽遍地、瘴疠横生的荒岛变成今天经济繁荣、文化昌盛、社会繁华的宝岛，是大陆汉民族为主力军，与台湾少数民族同胞胼手胝足、筚路蓝缕共同开发出来的，而拉开这一开发序幕的，正是本书传主颜思齐。历史通常对平民史料的记载甚少，故写该传记之难度是不难想象得到的。何池先生集十多年的田野调查与资料搜集，还不顾年事已高体力有限，按照连横在《台湾通史》里"过诸罗之野，游三界之埔，田夫故老，往往道颜思齐之事"的收集口述历史的办法，沿着传主生活过的足迹，采访一代代知情者后裔口碑相传的传主故事，从而弥补了传主文献资料鲜少记载的不足，传主的形象也从模糊到鲜明，随着作者的娓娓道来，一位性格豪爽、有血有肉的传主形象就跃然纸上，生动呈现在我们的面前。

很高兴成为本书出版前的读者，掩卷之余，深感台湾开发过程之艰难，本书可贵之处，是从开发垦殖的角度有力地证明了台湾自古就是中国的领土，诠释了两岸同胞"打断骨头连着筋"的深厚血缘关系及其源头。最为可贵的是书中首次清楚地考证了"台湾"名称的演变过程："夷洲"—"流求"—"留求"—"琉球"—"北港"—"东番"—"台湾"，首次叙说了崇祯八年（1635）"台湾"之称第一次出现在《明史》中，而且这正是颜思齐开发台湾的重要成果之一。这有力地批驳了当前岛内"台独"分子背祖忘宗的谬论，这也是本书的重要价值之处。

作者搜集和亲手拍摄了与传主紧密相关的照片，穿插于书中，这使得本书图文并茂，兼具学术性与通俗性。我相信该书能够为两岸读者所喜欢，也能够借此增强台湾青少年对原乡祖地的亲和感和认同感，增强两岸一家亲的情愫，这对于两岸同胞的交流、对于统一大业，无疑是有益的。

作者盛情邀余写序，寥寥数语，谨以为序。

2019年4月17日

注：戚嘉林现任中国统一联盟党主席、台湾《祖国》杂志社发行人兼社长，著有《台湾史》等著述。

自　序

16年前，我因承担漳州市社会科学界联合会课题"明清时期漳州涉台人物研究"接触到了筚路蓝缕开发台湾的漳籍先贤。其后，我又因参阅连横的《台湾通史》，而发现被他摆在《列传一》首位的一位默默无闻的裁缝师、海澄人颜思齐，竟然是一位在台湾开发史上的重要人物。连横在写《台湾通史》时通过田野调查发现，在今天的嘉义、云林一带，民间广泛流传着颜思齐开发台湾的许多动人故事，这引发了他对这位开台先贤的敬重，于是，在他所撰写的《台湾通史·列传一》中，就把颜思齐摆在首位，他这样写道：

又尝过诸罗之野，游三界之埔，田夫故老，往往道颜思齐之事。……故余叙列传，以思齐为首。

连横是最早发现颜思齐为开发台湾做出了重要贡献，并正式把颜思齐首次写入史书《台湾通史》的独具慧眼的史学家。这个从裁缝匠到开台王，并在台湾史界与政界都众口成碑的传奇人物，也引起了笔者的浓厚兴趣，于是在该课题完成之后，笔者开始进一步搜集有关颜思齐的史料记载。由于颜思齐系一介布衣，史料极为鲜少，所以只能采用最辛苦、最原始的办法——到颜思齐生活过的地方进行田野调查，采访一代又一代人口碑相传下来的有关颜思齐的故事，这就是抢救年事已高的为数不多的知情者的"口述历史"。于是笔者沿着颜思齐成长、学艺、入台的足迹，多次到其出生地青礁村，到他学艺谋生的月港古街，到台湾古笨港的嘉义、云林一带，采访搜集资料及探访纪念颜思齐的有关建筑物，包括他当年在笨港溪两岸所建筑的中寨（今颜厝寮）、所挖掘的七角井，以及当地民众为之建造的"颜思齐先生开拓台湾登陆纪念碑"、他为之开垦的嘉南平原的最高峰三界埔尖山顶的颜思齐墓园、位于纪念他开发台湾事迹的嘉义新港奉天宫两侧的"怀笨楼""思齐阁"，等等。笔者于2004年在《漳州师范学院学报（哲学社会科学版）》第2期发表了《略论颜思齐的开台事功及其历史意义》一文，在当时海峡两岸许多人还不知道颜思齐为何人的时候，这大概是第一篇研究颜思齐的文章了。

十多年的史料搜集、与之有关的现场采访及诸多镜头资料，使得这位从乡村走出来的裁缝匠的形象在笔者的眼前逐渐丰满、高大起来。在这个基础上，笔者在之后所著的《漳州人与台湾开发》（2011年厦门大学出版社出版）、《走近闽籍开台治台名人》（2013年鹭江出版社出版）等专著中，均把颜思齐作为重要开台人物摆在篇首。此外，笔者多年来还把所搜集到的关于颜思齐的资料写成讲稿、制成课件，在所履职的漳州市委党校、在应聘的闽南师范大学、在漳州市委宣传部开设的"芝山讲坛"、在厦门社会科学界联合会所开设的"鹭江讲坛"、在社区大学、在老年大学以及多次在有关两岸学术研讨会等诸多平台，做"开台王颜思齐"专题讲座，笔者可能是两岸不遗余力地、最广泛地宣传颜思齐开台事迹的唯一学者。笔者通过文章和讲座，使社会各界更多人士知道颜思齐、了解颜思齐，通过颜思齐的"开台王"事迹，进一步明确台湾是大陆的汉民族与台湾的少数民族共同胼手胝足、历尽艰辛，把一个无名的海上荒岛开发建设成今天繁华的宝岛,并从开发史的角度有力地证明台湾自古就是我国不可分割的领土!台湾之称也因颜思齐的开发而叫起,这可以说是十多年来研究颜思齐的一个意外而重大收获。

今年正好是颜思齐开发台湾 400 周年的纪念年份,为此,笔者谨以此书纪念其开台伟业。需要说明的是,虽经多年搜集资料,奈何颜思齐只是一介布衣(裁缝匠),史料记载甚少,"米"料无多,难为"巧妇",故本书只能作为一本科普宣传的小册子。希望这本小册子能够给同仁及后来者提供研究参考和充实资料,并为这位开台第一人的乡贤奉献一点缅怀和纪念之情愫。

2021 年 1 月

目　录

序　一 …………………………………………………… 杨毅周 1

序　二 …………………………………………………… 戚嘉林 3

自　序 …………………………………………………………… 5

目　录 …………………………………………………………… 1

引　子 …………………………………………………………… 1

第一章　开发前夕的荒陬海岛 ………………………………… 3
　一、经济社会概况 …………………………………………… 3
　二、台湾少数民族概况 ……………………………………… 6
　三、中央政府早期管理台湾情况 …………………………… 7
　四、早期闽籍人士迁台情况 ………………………………… 9

第二章　豪爽侠义的月港裁缝师 …………………………… 11
　一、月港青礁的孩子 ……………………………………… 12
　二、仗义的裁缝师 ………………………………………… 20

1

三、逃亡长崎平户 ……………………………………… 32

第三章　长崎的闽商头领 ………………………………… 39
　　一、极具凝聚力的"甲螺" …………………………… 39
　　二、摆平了寻衅武士 …………………………………… 50
　　三、汇入了"倒幕"潮流 ……………………………… 55
　　四、冥冥中邂逅"东番" ……………………………… 60

第四章　拉开拓垦"东番"序幕 ………………………… 63
　　一、从笨港溪登陆"东番" …………………………… 63
　　二、建村寨开发笨港 …………………………………… 65
　　三、染瘟疫惜英年早逝 ………………………………… 72

　　　附录：浅谈十七世纪初期重要海商人物李旦与颜思齐之区别………… 78

第五章　颜思齐开台事业的延续及意义 ………………… 86
　　一、郑芝龙继续率众开台 ……………………………… 86
　　二、颜氏开发台湾的成果 ……………………………… 92
　　三、使台湾有了港口集市 ……………………………… 95
　　四、中华文化入台传播 ………………………………… 97
　　五、从"海寇"到"开台王" ………………………… 99
　　六、开启了"台湾"之称 ……………………………… 103

第六章　两岸共同缅怀"开台王" ……………………… 111
　　一、笨港主寨今昔 ……………………………………… 111
　　二、喜看青礁村新貌 …………………………………… 114
　　三、两岸共祭"开台王" ……………………………… 119

附录：开台伟绩垂千古——两岸民众隆重缅怀开台王散记 …………… 121
　四、开台事迹上银幕进教科书 ………………………………………… 123
　五、开台文化公园青礁奠基与竣工 …………………………………… 127

未完的话 ………………………………………………………………… 136

参考文献 ………………………………………………………………… 139

引　子

　　台湾自古就是中国的领土。这座富饶的宝岛原先是一座荆莽遍地、人烟稀少的荒岛，它是怎样逐渐变成如今我国东南海疆一大繁华之地的？史料说明，是大陆汉族垦民与台湾少数民族一起胼手胝足、披荆斩棘，历经千辛万苦开发出来的。那么，台湾开发之前是个什么样子呢？关于这个问题，连横在《台湾通史·卷二十七·农业志》中这样说过：

　　台湾为海上荒岛，古者谓之毗舍耶，梵语也。毗为稻土，舍耶，庄严之义，故又谓之婆娑世界。是台湾者为农业之乐国，而有天惠之利也。然土番狂獉，未知耕稼，射飞逐走，以养以生，犹是图腾之人尔。……播种之后，听其自生，不事耕耘，而收获倍蓰。

　　从连横的上述叙述可以了解，台湾土地肥沃，适宜农作物种植，但在开发以前，台湾少数民族同胞，还是以"射飞逐走"的原始渔猎为主要生产方式，以获取主要生活资料来源，仍然处于部落社会时期。尽管从宋末到明朝，由于东南沿海的福建（尤其是闽南）战乱频繁，加上水旱灾害，这里的居民开始结伴渡过海峡迁入台湾，在西海岸沿江沿海的平原地区从事农业种植生产，但处于零星分散状态，不成规模。大部分人暂时到此从事渔捞、打猎、交易活动，汉人的数量随着每年由福建来的渔船呈现周期性的升降，而且还是散居于西海岸沿海地区，并随着季节而来来往往，对台湾经济社会的影响不大。此时大陆的城乡因商品经济的发展，社会已出现比较繁荣的景象，而在台湾，广袤的沃土到处仍是乏人耕种、荆棘遍野的荒原。

那么，台湾是什么时候开始开发的呢？又是谁揭开了这场大开发的序幕呢？明代末期，由于政治腐败、苛捐杂税，加上战乱和自然灾害等原因，闽粤沿海居民迁台逐渐增多，到天启年间，在海澄人颜思齐的组织之下，闽南地区民间第一次出现了大规模迁台垦殖农业的活动，台湾的大开发由此开始。此后郑芝龙继承颜思齐拓垦事业，再次组织了更大规模的闽南垦民赴台垦殖活动。郑成功收复台湾，带去的一二十万将士促进了台湾的进一步开发。一直到清朝末年，海峡西岸民众迁台活动高潮迭起。天启年间，大批闽籍垦民进入台湾进行大规模土地开发，就成为台湾开发的滥觞，使得大量荒山野坡变成千里沃野，带来农业蓬勃发展，为台湾后来各项事业的发展奠定了根基。在台湾的农业开发活动中，可以看到，全岛从南到北，从西到东，大多是地域最近的闽粤沿海百姓移台垦民开垦出来的，其中尤以传统农业地区、富有开拓精神和农业生产技术的闽南籍族群为最，在这支闽南人为主力军的垦殖大军中，又是被台湾同胞誉为"开台王"的漳州海澄人颜思齐拉开了台湾大规模农业垦殖的序幕。这次大规模开发活动使得大陆人民大大加深了对台湾的认识和了解，从此掀起一波又一波的迁台热潮，有力地推进了台湾的垦殖进程，奠定了后来郑成功收复台湾和建设台湾的基础。本书所讲述的，就是这位拉开了台湾大开发的序幕、被称为"开台王""开台第一人"——颜思齐的开台故事。

第一章　开发前夕的荒陬海岛

本章提要：明朝中后期，大陆社会已经进入了封建社会高度发展之时，经济繁荣，江南经济发达地区甚至开始出现了资本主义的萌芽。但隔着海峡的台湾此时因与世隔绝，还停留在部落社会末期。本章根据这一时期涉台文献阐述开发前夕的台湾所处的社会状态，包括：台湾此时的称谓、台湾少数民族的生活生产、中央政府对台湾的管理、大陆进入台湾的人数等情况，对开发前夕的台湾做一简单介绍。

一、经济社会概况

因地理位置和人烟稀少等原因，台湾的开发比大陆慢了许多年。当大陆已进入明朝中期的封建社会鼎盛时期，在江南商品经济发达地区甚至已经出现资本主义的萌芽，但在海峡对面的台湾仍处于部落社会的末期。岛上居民以少数民族为主，依然靠渔猎为生，还有一些简单粗放的原始农业。

龙溪石码人张燮写于明万历四十五年（1617）的《东西洋考·东番考》中，关于开发前夕的台湾经济社会情况介绍如下：

图1-1 张燮著《东西洋考》封面（作者翻拍）

图1-2 开发前夕台湾少数民族狩猎图[①]

深山大泽，聚落星散，凡十五社。……无君长、徭役，以子女多者为雄，听其号令。……四序以草青为岁首，土宜五谷，而皆旱耕，治畲种禾，山花开则耕，禾熟，拔其穗。……伐竹构屋，而茨以茅，聚族以居。无历日文字，有大事集而议之。……冬，鹿群出，则约百许人即之，镖发命中，所获连山，社社无不饱鹿者。

比张燮还早十来年的连江人陈第，于明万历三十年十二月初八（1602年1月19日），应福建浯屿守将沈有容之邀一起赴台剿倭寇。陈第在"东番"登陆后，亲历台南至高雄一带台湾少数民族聚居的村社，实地考察了他们生产生活情况，亦写下了一篇《东番记》。该文亦对"东番"做了

---

① 资料来源：（清）周钟瑄主修，（清）陈梦林总纂：《诸罗县志》，（台湾）成文出版社，1983年版。

第一章 开发前夕的荒陬海岛

十分细致的叙述：

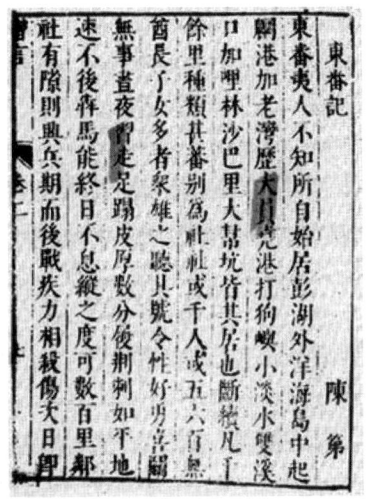

图1-3 连江人陈第的《东番记》

地暖，冬夏不衣。妇女结草裙，微蔽下体而已。无揖让拜跪礼。无历日、文字，计月圆为一月、十月为一年，久则忘之，故率不纪岁，艾耆老髦（毛发中较长者，指老年人），问之，弗知也。交易，结绳以识（志，做记号），无水田，治畲（用火燎原而后种植的耕作方式）种禾，山花开则耕，禾熟，拔其穗，粒米比中华稍长，且甘香。采苦草，杂米酿，间有佳者，豪饮能一斗。时燕会（宴会），则置大罍（一种盛酒或水的容器），团坐，各酌以竹筒，不设肴。乐起跳舞，口亦乌乌若歌曲。男子剪发，留数寸，披垂；女子则否。男子穿耳，女子断齿，以为饰也（女子年十五六，断去唇两旁二齿）。地多竹，大数拱，长十丈。伐竹构屋，茨以茅（用茅草铺盖屋顶）。广长数雉（计算城壁面积的单位，一雉：高一丈，长三丈）。族又共屋，一区稍大，曰公廨（同族的人住在一起，而保留一区较大的空间，称为"公廨"）。少壮未娶者，曹居（群居）之。议事必于公廨，调发易也。……习笃嗜鹿，剖其肠中新咽（填塞）草将

5

粪未粪者，名百草膏，旨食之，不餍（百吃不厌），华人见，辄呕。食豕（猪）不食鸡，畜鸡任自生长，惟拔其尾饰旗；射雉，亦只拔其尾。见华人食鸡雉，辄呕。夫孰知正味乎？又恶（岂）在口有同嗜也？[①]

张燮的《东西洋考·东番考》与陈第的《东番记》内容大同小异，都详细介绍了当时名为"东番"（今台湾）的自然环境、少数民族的生活与生产等社会情况。此时离颜思齐开发台湾只短短几年时间。因此，从上述介绍可见，开发前夕的台湾社会依然徘徊在封建社会大门之外。

二、台湾少数民族概况

台湾开发的过程与台湾少数民族息息相关，因此，得说说台湾少数民族情况。根据台湾行政部门"原住民族委员会"确认，台湾现共有16个少数族群，具体如下：

泰雅人、排湾人、鲁凯人、卑南人、布衣人、曹（邹）人、阿美人、雅美（达悟）人、赛夏人、邵人、噶玛兰人、太鲁阁人、撒奇莱雅人、赛德克人、拉阿鲁哇人、卡那卡那富人。

至2018年统计数字，台湾少数民族人口有50万人，占台湾总人口的2.1%，其中阿美人最多，有18万人，泰雅人与排湾人人口居第二，各有8万人。

[①] （明）陈第：《东番记》，载（明）沈有容辑：《闽海赠言》卷之二，台湾文献丛刊第56种，台湾银行经济研究室编印，1975年版，第26—27页。

三、中央政府早期管理台湾情况

图1-4 始建于唐、重建于清道光年间，
坐落于丰莲山下庵前村的牧马侯祠（金门何应权摄）

据《三国志·吴·孙权传》记载，黄龙二年（230），吴国孙权曾遣卫温、诸葛直率兵万人浮海征夷洲，这是大陆与台湾关系的最早记载。

唐德宗贞元十九年（803）同安设大同场时，福建观察使柳冕奏设"万安牧马监"于泉州，金门岛同时辟为牧马监地，同安管辖。牧马监陈渊率同安十二姓氏（陈、蔡、许、翁、李、张、黄、王、吕、刘、洪、林）屯垦金门，并在丰莲山牧马。同时他深谙草药，常为乡人及马匹治病，率领部属开拓山林，种植五谷，奠定金门（时称"浯洲"）的开发基础。陈渊去世后，后代金门子民遂尊称陈渊为"开浯（浯洲，即金门）恩主"。今丰莲山下庵前村的牧马侯祠就是民众纪念陈渊开发金门功绩的祠庙。

宋人王象之《舆地纪胜》卷二百三十引宋宣和二年（1120）泉州太守陆藻《修城记》称：

泉距京师五十有四驿，连海外之国三十有六岛。

该记载说明，宋宣和年间，号称"三十六岛"的平（澎）湖已属泉州管辖。

明泉州人何乔远在所著的《闽书》中收录《宋志》关于平（澎）湖屿的记录：

图1-5　金门最早的祠庙：庵前村牧马侯祠庙门（金门何应权摄）　　图1-6　牧马侯祠一进大厅的"开浯恩主"匾（古代金门称浯洲　何应权摄）

屿为泉州、兴化门户……有汛兵守焉。《宋志》："澎湖屿，在巨浸中，环岛三十六……王忠文公为（泉州）守时，请添屯永宁寨水师守御。"

王忠文（即王十朋，逝后宋孝宗赐谥号"忠文"）任泉州太守时间是宋乾道四年（1168）至乾道六年（1170）。

这是台湾澎湖地区隶属大陆的最早记载。

元至正二十年（1360），元政府在澎湖设置巡检司，管辖澎湖、琉球（台湾）。此为中央政府正式管理台湾之始。

四、早期闽籍人士迁台情况

实际上，作为与台湾一水之隔的福建，是与台湾最早有来往的省份。今天台湾的少数民族实际上大部分也是来自大陆闽粤沿海的古代居民。

宋末，大陆东南沿海开始有人零星入台避难居住，据诏安、东山、云霄三县县志记载，南宋祥兴二年（1279）就有三批漳州人去流求（今台湾）：

一批是参加护卫南宋末代小皇帝赵昺南逃的将士，他们在广东零丁洋海面被元军击溃后，由郡马都尉陈植率领一部分将士突围，在诏安继续抗元，一部分将士东迁澎湖避难；

另一批是元军进攻东山时，都尉陈元霖带领民众奋战死守，当东山陷落时，这批人为避难而渡海到澎湖安居；

再一批是稍迟3年，云霄诏安一带的陈吊眼率众举行反元起义。元至元十九年（1282），元军打败陈吊眼，进军云霄、南诏，血洗支持陈吊眼的村庄。为避免遭大杀戮，许多村民出海逃往澎湖、琉球（台湾），从事农耕和捕鱼。[①]

泉州人迁台，也当在宋元时期，因为宋元时期泉州港与埃及亚历山大港齐名，被誉为"东方第一大港"，对外贸易已经很繁荣。现在已发现有文字记载最早迁居台湾的，就是宋代泉州德化县使星坊南市苏氏和上涌赖氏族人。

宋代移民海外的闽人渐多，流求（台湾时称）、日本、南洋诸岛和越

[①] 综合福建省诏安县地方志编纂委员会编：《诏安县志》卷三十四《侨胞与台港澳同胞》，方志出版社，1999年版；东山县地方志编纂委员会编：《东山县志》卷二十五《与台湾关系》，中华书局，1994年版；福建省云霄县地方志编纂委员会编：《云霄县志》卷三十五《云台关系》，方志出版社，1999年版。

南等都成为移民的目的地。

从上面的史料记载可见,在台湾大开发前夕,台湾一些沿海平原已开始有零星汉民族居住,台湾学者戚嘉林著《台湾史》这样说道:

1620年,在台湾北端鸡笼已有汉人聚落,在台湾西部平原亦有1500名汉人。[①]

1620年正好是颜思齐率领闽籍民众进入台湾,开始开发台湾的前一年。由上可见,尽管大规模开发之前已有汉族人口入岛定居垦殖,但由于人员太少,且零星分散,对台湾的经济社会影响甚微。

---

① 戚嘉林:《台湾史》,海峡学术出版社,2008年版,第27页。

第二章　豪爽侠义的月港裁缝师

本章提要：闽南沿海有一个肇基宋初、历史人文积淀深厚的村子叫青礁，从宋到清，这里深受开基祖、漳州教谕颜慥的儒学家国情怀的熏陶和影响，竟然走出20多位进士。"开台王"颜思齐就出生在这样一个儒学氛围浓厚的村子。性格决定命运，富同情心、疾恶如仇、豪爽侠义的人格魅力，使颜思齐成为朋友圈中极具号召力的核心人物，并给他的人生事业抹上了传奇色彩。

图2-1　颜思齐故里海沧青礁村一隅（作者摄）

一、月港青礁的孩子

青礁村的历史沿革。青礁村坐落在厦门海沧区西北隅九龙江入海口迂回曲折的港汊北岸，与西面的漳州角美镇白礁村只隔着一条通往厦门海沧大桥的角嵩公路。这个肇基于北宋初年、有着近一千年历史的村子，在漫漫的古近代历史上曾长期隶属于漳州的龙溪、海澄县，亦曾短时间属泉州的同安县管辖，一直到1958年8月，它才随着海沧被划入厦门管辖。现青礁村有大路、后松、埭仔、鸿江、过田、侯塘、院前等7个自然村，全村土地面积5平方公里，其中山地1000亩、田地695亩。全村人口5937人，90%以上村民姓颜，还有少数村民姓黄、王、陈。

为弄清楚该村及该村颜氏的历史沿革及基本情况，笔者专程来到青礁村，采访了在该村长大、现为厦门颜子研究会秘书长的颜水荣先生，他说起该村村史如数家珍。青礁村颜氏肇基一世祖是北宋的颜慥。颜慥（1009—1077）的先祖又可追溯到春秋时期的孔子高足颜回，其后裔深受祖先重儒思想的熏陶，勤奋攻读诗书礼易，科举及第之后辈频繁涌现。根据青礁现存明万历旧谱《颜氏族谱》记载，颜慥这支颜氏族人的先祖是唐代名宦、书法家颜真卿，"其第四世孙颜弘任金陵同州参军，遂家于该地。颜弘长子诩（颜回的第四十三世裔孙、唐进士）官吉州永新（今江西）令。颜诩长子洎（音jì，颜回的第四十四世裔孙）于武则天时期曾奉朝廷之命率领十七万军士平定闽粤之乱有功，封建德侯，食邑归德场（贞元年间，析永泰县归义乡置归德场，五代十国之闽国龙启元年，归德场升格为德化县，县治就在归化场旧址），为颜氏入闽一世祖"。该谱又载，颜洎的长子颜仁郁（第四十五世）获"恩贡"（宋代规定，凡遇国家喜庆，朝廷特设"恩科"考试选拔人才，考中者称"恩贡"），承袭德化县令，因政绩突出，深受民众拥戴，王审之建大闽国时被委任为主管农业生产的大臣，去世后老百姓建庙祀之，宋初封乎祐王。颜泊家族人丁兴旺，英才辈出，接连数代官宦世家。到了第五十世（亦颜泊公之第六世孙），6岁的颜慥于宋大中祥符末年（1016）随父母（父名颜林）迁徙九龙江下游平原漳州治址龙溪县城居住。

是什么原因促使颜慥一家南迁？学者施伟青、徐泓主编的《闽南区域发展史》一书对此颇有探析：一是北宋政府制定了奖励土地集中所有制，由此产生各地豪强兼并土地的状况，永春多为高山丘陵，可耕田园甚少，人口又多，发展空间不大，作为官宦人家的颜氏在争夺土地财产方面当然有着天然的优势，但深受儒家以民为本思想熏陶的颜氏不愿与民争利；二是此时的福建，经济文化的重心逐渐向社会安定且土地宽阔、平原宽广的闽南转移，而漳州地处福建第二大江九龙江入海口的广袤平原地带。[①] 实际上还有一点原因施伟青没有讲到，那就是宋代的漳州已是人文荟萃的海滨邹鲁，文化昌盛，深受儒学熏陶、颇有眼光的父亲颜林择地漳州城，就是为了使儿子有个良好的教育环境。于是，6岁的颜慥跟随父母迁居漳州，几年之后进入漳州西郊西湖（今市区湖内城中村一带）旁边的白莲书院读书。在这里颜慥最大收获除了学习上的获益外，还结识了来自仙游枫亭的才子、后来成为北宋名宦（端明殿大学士）的蔡襄，正是这位同窗好友后来成为颜慥的贵人——提携颜慥进入仕途。

话说回来，青礁村自古以来就属漳州龙溪县管辖，明隆庆设立漳州海澄县，又划归其所辖。一直到1958年，才与海沧一起划归厦门市管辖。

---

① 施伟青、徐泓主编：《闽南区域发展史》，福建人民出版社，2007年版。

图2-2 颜氏大宗祠——"开漳堂"(作者摄)
注：此颜氏祖庙为2011年在原址重建，这说明该村原为漳州管辖，现已是省级文物保护单位。

青礁村有一座建于南宋初年的颜氏祖庙——开漳堂，它的名字正是该村历史上属于漳州管辖的实证，也是该村开基始祖颜慥公于庆历四年（1044）担任漳州州学教授、后开基于此的真实写照。这座历经八九百年风雨、十分朴素的闽南古村居建筑，在1958年遭到拆毁。现在由于颜思齐研究以及海沧土地开发的开展，这座已荒废的古祠堂在2007年被重新发掘出来，村民们已集资对其重新兴建。厦门市文物管理部门对此古建筑颇为重视，派出技术人员帮助该村村民整理一些宝贵出土文物，并对新建古开漳堂进行技术上的指导，该古祠堂复建工程已于2009年年底竣工。

青礁村的人文奇观。青礁以村旁海上礁石青黛色而得名。这里背靠文圃山东脉岐山，面临大海，可耕可渔，确为风水宝地。在颜慥之前，已有谢、洪等姓族人在此居住生息，而且还出了不少名人。比如唐代进士谢翛（读音xiāo，字升之，唐文德元年888年进士）与其弟谢修、五代洪文用、北宋初年的石賛等，都曾"游居青礁，即今海澄地也，三人家相望"，①也都曾在村旁的文圃山上读书，留下诸多文化遗址。

现在青礁村颜氏村民都尊颜慥为颜氏青礁开基一世祖。那么居住于漳州的颜慥怎么又迁居青礁呢？这得从他的仕途生涯说起。

图2-3　颜慥在漳州白莲书院的同窗好友蔡襄（作者摄于泉州洛江区蔡襄石雕头像）

前面已述，颜慥曾与后来的北宋名宦、仙游慈孝里蕉溪（今枫亭）人蔡襄同窗就学于漳州西湖白莲书院，两人意气相投，唱和颇多，遂结为金兰之交。蔡襄于宋天圣八年（1030）考中进士，并于翌年初仕漳州军事判官。但一同上京赶考的颜慥却名落孙山。之后慥公又连考三次，均无果而归。宋庆历四年（1044），已是端明殿大学士、泉州太守的蔡襄力荐同窗好友颜慥入京再考。颜慥终于以"特奏名"（宋代规定，廷试多次未考中者，遇皇帝亲试时，可另立名册呈奏，特许附试，称为特奏名恩科）恩科考中（亦称"恩贡"），再经蔡襄力荐，朝廷任命颜慥为漳州路教授（图2-4）。宋庆历八年（1048）蔡襄因父蔡玉秀去世，辞职回归

---

①　（明）闵梦得修：万历癸丑《漳州府志》，厦门大学出版社，2012年影印本，第1366—1367页。

故里仙游，为父亲丁忧尽孝，已届39岁的颜慥也辞职携妻许太孺人择地龙溪青礁肇基，自号遁翁，成为青礁颜氏一世祖。青礁自慥公择居之后，颜姓人丁便逐渐兴旺起来，发展为今天五千多人口的村庄。

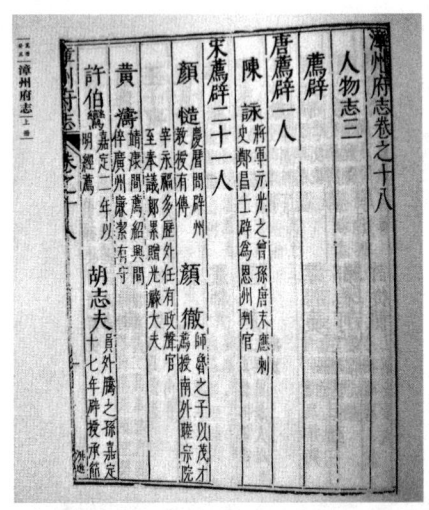

图2-4 万历癸丑《漳州府志·卷之十八·荐辟》载颜慥任漳州府教授（作者摄）

颜慥在青礁定居后，设塾专心教书授徒，培养出了诸多杰出人才，其中青礁颜氏获益尤多。宋神宗熙宁十年（1077），慥公逝后入祀漳州名宦祠、海澄乡贤祠及青礁慈济宫，其陵墓就在开漳堂后左侧一座叫纱帽山的小山丘下面，陵寝后面有一棵枝繁叶茂的榕树，树下的墓墙上镶嵌着1999年3月修墓碑记，碑记上写着墓主的生卒年代和生平事迹。

图2-5 青礁村旁颜慥墓（作者摄）

图2-6 青礁村颜慥陵墓及重修陵墓碑记（作者摄）

厦门颜子研究会秘书长颜水荣告诉笔者一则关于颜慥择地建宅迁居青礁的神奇传说：颜慥初以挖井选择定居地。据说，在漳州城区挖出的前几口井不是有财无丁，就是有丁无财，因此颜慥未在这些地方停留，后来辗转到了漳州东北面濒海、唐代曾出过进士谢翛兄弟等历史名人、文化气氛浓厚的青礁，在号称"七星坠地"的地方打了两口井，一口三孔井、一口四孔井，这两口井（村民称之为"七星井"）水质都非常好，他还向从祖地永春带来的"寒单爷"神像掷杯，掷出"有财有丁"的"尚杯"后，最终在青礁定居下来。

这位青礁村长者告诉笔者，"七星坠地"井北面岐山东鸣岭，是著名的保生大帝吴真人修道、炼丹、行医之处，南面就是九龙江出海口，其地理位置背山面海。七星井井水甜洌。有人在七星井附近开挖的井，水都又咸又苦，而且一遇干旱，便井水干涸，而七星井自宋代至今从不干涸，甘甜清澈的井水，千百年来一直是青礁人日常生活饮用水。老人们回忆说，青礁村临海，淡水资源匮乏，但七星井不仅能供应全村人的日常饮用，遇到干旱年成还用这井水来浇田救急。

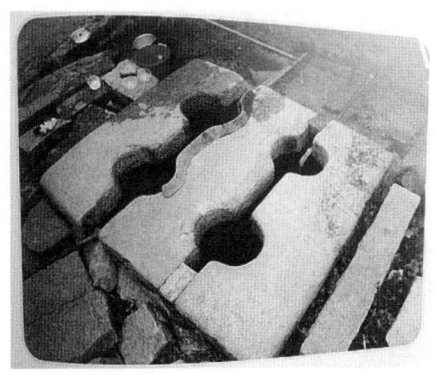

图2-7　青礁村七星坠地的七星四孔井（海沧区青礁颜思齐文化中心提供）

颜慥重视文化教育对青礁颜氏族人影响颇深，终宋一代，一个小小的青礁村竟然孕育出了颜晞哲、颜思鲁、颜唐臣、颜大猷等18位进士，元明两季，又出了颜晞孔、颜奕芳等7位进士和一位开台王颜思齐，可谓盛极一时，缙绅辈出，堪称世家望族。此为漳州甚至全闽绝无仅有之文化奇观，应验了青礁保护神寒单爷"七星坠地、有财有丁"之谶。笔者认为，该村历代人才辈出，应是得益于这位北宋时期的漳州教授"近水楼台"儒学家风的熏陶和遗泽。

慥公的二十世裔孙　明神宗万历十七年（1589），颜思齐（字振泉）生于漳州府海澄县青礁村一户普通农家，母亲是同村的黄氏人家。查万历《青礁颜氏族谱》世系表，颜思齐是颜慥公第二十世裔孙。思齐的祖父颜廷瑞、父亲颜清皆是单传。按族谱看，这支颜氏族人属青礁慥公二房裔孙。

浓厚的武术环境　明嘉靖以来，沿海倭患日炽，倭寇所到之处，烧杀抢掠，无恶不作，东南沿海各地的百姓深受其害。濒海的青礁等村庄当然首当其冲。这里毗连月港，村民的生命以及自月港开港之后大量出洋赚取外汇所创造的财富都需要保护。抵抗倭寇频频侵扰，单靠政府派兵防御显然不够，各村需练习武术组建武装以保护自己的生命和财产安全，许多村庄都自发组织起团练以自卫。在这一形势下，青礁、白礁、东孚、新垵及附近的村民都积极投入习武练艺的活动中，少年颜思齐也不例外，他拜师习武于青礁的邻村新垵。

新垵（古称"新江"）武术渊源深厚，是闽南著名的武术之乡（至今仍是），早在唐末，新垵就开始以尚武之风闻名于世，其拳种是著名的南少林五祖拳。据唐许稷的《闽中记》等资料记载，唐代少林武术随着佛教禅宗的南传也逐渐传入闽南地区，九龙江出海口的马銮湾畔、蔡尖尾山脚下的新垵就是传播地区之一。自唐历宋而明，福建南少林五祖拳，由各地流派的南拳在实践中不断演脱、融合、组合，由内家拳术转化为少林外家派系，形成一种蜕变又归宗的南少林五祖拳，少林是一个派系，五祖拳是一个拳种。五祖拳以其快捷、刚健、猛狠的实战风格，成为当时在闽南最受欢迎的拳种。明代后期抗倭名将俞大猷的《正气堂集·新建十方禅院碑》说道："奉命南征，取道至寺（嵩山少林寺），僧负其技之精者……示以真诀。"此"真诀"据说是宋太祖开创的"太祖拳"。他率军在闽南一带抗倭时，曾与南少林武术高手海沧人李良钦商榷并学习"五祖拳"和南少林刀法。俞大猷的抗倭部队中有一悍将就是新垵人邱一尉（隆庆间武举人），他是海澄抗倭团团练（相当于现在县武装部部长），曾组织村习武馆"大觉堂"，号召百姓配合俞大猷一同抗倭，发动地方各姓族民组成一支以南少林五祖拳、棒、镖、藤牌为基础的民间乡兵奋起抗倭。新垵邱氏村民有多位曾参加漳州抗倭斗争的万松关战役，其中继任堂主邱一亮和邱玉辉在该役中生擒倭寇，朝廷敕赐"抗倭义士"匾额（现无遗存，《新垵邱氏族谱》有载）。"大觉堂"遗址就在现新垵村的惠佐社。[①]

颇有忧患意识的思齐之父颜清觉得，男儿当自强，自强必须从艰苦的学武开始，武艺可以自卫，可以强身，还可以为国效力。于是，在万历三十二年（1604），父亲把在村塾堂读了三年经书、刚满15岁的颜思齐送到新垵，拜名师学武艺于新垵"大觉堂"堂主邱一亮。暑往冬来，勤奋苦练的他在师傅的耐心教导下，熟练掌握了五祖拳的全部要领。五祖拳的特点是动作简捷，步法稳固，手法密集，拳势激烈，讲究短打近攻，发劲时注重以气催力，先蓄而后发，手腿并用，迅猛刚强。"三战"是五祖拳入门必修的基础套路。三战套路动作，步法上是三进三退，手法上是击挡、双擒手、双插掌、双掀掌等。行拳时招式明朗，吞蓄吐发，有雷霆万钧之势，使对手难以招架[②]。

颜思齐日夜勤学苦练，在诸多学武同学中脱颖而出，并成长为虎背

[①] 杜德全、周盟渊：《五祖拳文化研究》，厦门大学出版社，2012年版。
[②] 林建华：《八闽武术·五祖拳套路欣赏》，人民体育出版社，2010年版。

熊腰、身材魁梧、出手不凡、棍剑刀枪样样精通的帅小伙。其从塾堂所学的儒学孝悌诚信忠义在习武过程中逐渐延展成打抱不平、扶弱御强的侠义性格。一天晚上，同村有位一起拜师学武的王姓师弟哭哭啼啼走进武馆旁边的宿处，思齐一看，这位师弟眼青鼻肿，嘴角还流着血。思齐问清原委，原来一位来自锦宅村的黄师兄两个月前因赌博输了钱，向王姓师弟借了五钱银子，今天因为要交"束修"（学费），找黄师兄讨钱，不想那黄师兄不仅不还钱，还出手打伤了师弟。思齐听罢，怒火顿时从心中蹿起，连夜找到正在酒馆喝酒的黄姓学友，把他从酒馆给拽了出来，让他给王师弟赔不是，还清欠账。那位黄姓学友慑于思齐的拳脚，只好认错还钱。为了这事，黄姓学友一段时间不跟思齐说话，但思齐还是主动与他打招呼，练武中还热情帮他纠正了几个动作，终化杯葛。

万历三十五年（1607）初，也即学武三年之后的春节期间，师傅在武馆前的晒谷埕上举办一场练功大比武，算是对弟子们学习成果的检验和出师考核。颜思齐以其蛟龙入海的棍法、出神入化的刀法、快捷如风的拳脚，击败所有师兄弟，力拔头筹。最后，在试练臂力的项目中，他竟然把武馆旁边龙山堂（今正顺宫，建于元代）门前二百多斤的石香炉双手托起，绕埕一圈，赢得全场喝彩。

二、仗义的裁缝师

月港埠头拜师　武术学了，而且还技艺超群，这让父亲颜清喜忧参半，喜的是思齐这小子不管是学文还是学武，都十分认真，这三年来武功学得不错，其身手已在周边村子开始有了名气，防身护家自然不在话下。忧的是掌握了拳术的人出手虽轻，却足以让一般人承受不了，其学武过程中养成的喜欢打抱不平的性格，万一失手就容易惹祸；再来靠拳脚也当不了饭吃,儿子年届十八,已长大成人,以后怎么养家糊口?想来想去,与内人黄氏商量了一个晚上,颜清想起古人说的"赐子千金,不如教子一艺",家里没有"千金"可赐,亦无"一艺"相传,但这句话还是给了他们启迪——让儿子学好一门手艺。颜清想起在离青礁几里水路的海澄县城街上一位开衣匠铺做衣服的江师傅,因为一段时间总得给家人添点衣服,几年前到海澄月港一家衣匠铺给思齐定制一套衣服后,他觉得该铺铺主江师傅手艺不错,衣服做工仔细、针脚密集精致、穿着合体,于是每一段时间都会去他的铺里定制几件衣服。这样一回生二回熟,日子久了就成为朋友,有时还带一点自酿的米酒和捕捞的鱼虾螺贝到铺里一起喝几盅。现在正好可以求他教思齐裁缝手艺,一来这缝缝剪剪的细活可以使思齐静下心来学艺,收回学武学野了的心,避免惹祸;二来裁缝这门手艺活计就在店铺里,不用外出日晒风吹雨淋,学好了到处受人尊敬;三是月港地处商业埠头,人来人往,繁华热闹,裁缝业生意很好,满师后一辈子不愁吃穿。

图 2-8 泥沙淤积风光不再的月港湾今貌(作者摄)

图 2-9 开洋后万方船舶云集的月港（月港海丝馆提供，洪一鸣翻摄）

第二天一大早，父亲把昨晚的想法告诉了思齐。这年春节过后，思齐也在考虑今后的出路问题，一个大小伙总得学门手艺独立谋生，养活自己。既然父亲这么说，虽然说裁缝跟武术一粗一细，是完全不搭边的事，但知道父亲这么安排也是出自一片苦心，受过儒学熏陶、历来孝顺的他也就答应了。于是，父亲请村里技术最过硬的铁匠打了把上好的裁缝剪刀，再找出两瓮自酿的头曲，用红布包好，准备作为儿子拜师送给师傅的礼物。

几天后的一个早上，吃过粥，收拾好行李，父子俩搭上村里一条开往月港墟卖鱼的渔船，刚好涨潮之际，一路顺风顺水，半个多钟头之后，就来到了繁华的月港码头。

图 2-10　月港古码头之一的容川码头遗址（作者摄）

明朝中期以后，漳州九龙江出海口月港周边平原地区的经济作物生产进入黄金时代，以纺织业为代表的手工业迅速发展，造船业和航运业相当发达。九龙江上游的南靖、平和等县和九龙江北溪上游的龙岩、漳平、龙溪以及汀州府亚热带雨林中生长的大量木材，为九龙江下游修舶造船提供价廉物美的材料。民间海上贸易传统的兴盛，加上远离福建行政中心的九龙江出海口港汊曲折、岛屿星罗棋布而易于船舶隐蔽违禁通番，因此在元末泉州刺桐港因淤积衰落之后，漳州九龙江出海口的月港就逐渐登上了历史舞台并日益兴盛，成为政府没有认可的走私贸易港。明代隆庆元年（1567），在许多有识之士官员的推动下，朝廷终于改变自明初就实行的严厉海禁政策，批准在月港开洋发展海上贸易，为加强对月港海上贸易的管理，朝廷划出龙溪、漳浦两县与月港临近的几个都（相当于今天的乡镇）设立海澄县，管理月港进出船舶，收取船税和贸易税，于是月港成为我国唯一合法的民间海外贸易港口，通商 47 个国家和地区，开辟了东、西洋"海上丝绸之路"贸易。在这约一公里弧长的月牙湾岸边，竟然分布着督饷、阿哥伯、路头尾、溪尾、中股、容川、店仔尾等7个码头，还在埠头专建了督饷馆，以收取进出港船舶的货物税和船头税。自此，福建的茶叶、纸张、糖、瓷器、纺织品等商品，从月港这些码头大量出口。"凡福之抽丝、漳之纱绢、泉之蓝、福延之铁、福漳之橘、福兴之荔枝、泉漳之糖、顺昌之纸……其航大海而去者，尤不可计"，[①]"贩吧罗、吕宋诸国取利"。龙溪生产的铜钱大量流入日本，日本"惟用中国古钱，每钱一文，价银四厘，向者福建龙溪地方私自铸钱市之"。外省的一些商品，如湖州的丝、景德镇的瓷器，也从月港远销海外，成为国外人民的生活必需品。在南美洲，自智利至巴拿马，西班牙人穿的服装，无论是僧侣的法衣，或是利马居民的斗篷和长筒丝袜，都是用中国的生丝织造的。[②]与此同时，国外的商品也从月港源源不断地输入我国，此时仅从国外传入的农业新品种就有淡巴菰（烟叶）、番薯、花生、玉米、马铃薯、番茄、苦瓜、菠萝等，并种植成功，很快传种南方各省，甚至江浙一带，促进了我国传统农业种植结构的第一次改革。

图2-11 16世纪外国人拍照的月港督饷馆船户纳税盛况（《海澄历史图册》）

[①] （明）王世懋：《闽部疏》，载四库全书存目丛书编纂委员会编：《四库全书存目丛书·史部·地理类》，齐鲁书社，1996年版。

[②] 以上记载分别摘自（明）许孚远：《疏通海禁疏》，载（明）陈子龙等辑：《明经世文编》卷四〇〇，中华书局，1962年版；（明）张燮：《东西洋考》卷四，谢方校注本，中华书局，2000年版。

图 2-12　月港饷馆码头碑记（作者摄）

上图"饷馆码头遗址"碑文如下：

饷馆码头位于海澄月溪与九龙江交汇处东侧，是明代中后期著名的对外贸易商港——月港的主要码头之一，该码头建于明正统四年（1439）。该码头系条石台阶结构，伸入月溪口，为当年外国船只申报进出港口临时停泊点，现存台阶五级，宽 2 米，长 6 米，为 20 世纪 80 年代重修，至今仍是通往紫泥（镇）的民用码头。明张燮《东西洋考·饷税考》记载："万历三年，中丞刘尧海请税舶以充兵饷，岁额六千。"这里同时规定"就船完饷而后其听转运焉"。

图 2-13　月港开洋后流入的外国银币（月港海丝馆提供，作者摄）

海上贸易的兴盛、督饷馆的设立，使月港很快发展成为闽南一大都会，其每年两万余两的白银税收，源源不断地输入朝廷，月港成为政府的重要财源，号称"天子南库"。大量的稻米、茶叶、红糖、白糖、草纸、菇类、蔬菜、柴炭等土特产品，以及漳州城区生产的土布、丝绸，平和南胜窑、华安东溪窑的青花瓷、白瓷等手工业品都沿着九龙江西、北两溪水云集这里的码头，再从这里运往南、北各埠头，甚至远输南洋和东西洋各国。商业贸易的兴盛，使这个埠头异常繁荣，街道上商店鳞次栉比，八方商贾云集，路上车水马龙，新设置的管理月港的海澄县城拥有"小苏杭"之美誉，明代闽县文人徐𤊹在《海澄书事寄曹能始》一诗中对当时繁华的海澄做了生动的描绘，他写道：

海邑望茫茫，三隅筑女墙。旧曾名月港，今已隶清漳。东接诸倭国，南连百粤疆。……货物通行旅，赀财聚富商。雕镂犀角巧，磨洗象牙光。棕卖夷邦竹，檀烧异域香。燕窝如雪白，蜂蜡胜花黄。处处园栽橘，家家蔗煮糖。①

---

① （清）陈锳、王作霖主修，（清）叶廷推等纂修：《海澄县志》卷二十《诗》（乾隆二十七年木刻本），民国十五年（1926）重印，1984年漳州市地方志编委会翻印，线装本，藏漳州市委党校图书馆。

图 2-14　海澄月港明清古街今貌（洪一鸣摄）

江师傅的衣匠铺就开在临港埠头的街道上。这条临江古街今天仍在，它位于海澄镇北门外的霞美街，与月港临江码头平行排列。古街原长近千米，沿街密集地排列着数百家店铺（近年来海澄镇区改造拆除了一大段古街，尚存古店铺 40 间，长约 200 米），当时这里户户都有店面，家家都做生意。这种闽南特有的木板门面结构店铺至今仍在，店铺面向街市，前厅为店，做生意之用；后室为家，生活之用；居中两扇对开大门，两边各开齐胸高的一米半见方的木栅窗（闽南人叫它"店窗"，实际上就是售货窗口），白天把窗口上的长木板一条条从框槽中卸下，就成为售货橱窗，里面摆放展示的商品。晚上打烊时，再把木条板一片片沿沟槽拼上，最后一片从里面锁上，就和四周的木墙壁严丝合缝了。这就是闽南古代街道的店铺。店面之间挤挤挨挨，首尾相连，街上有豆饼行、米面行、糖冬瓜行、冰糖行、药材行、铸鼎行、打铁铺、海鲜行、柴炭行等。因衣匠生意不像油盐酱醋那样每天必备，所以一条街上只有一两家衣匠铺。

父亲颜清把思齐领到了老朋友的店铺里，一番寒暄之后，颜清直接进入主题，请他收儿子为徒，学裁缝手艺。看着旁边这位长得五大三粗魁梧精壮的年轻人，江师傅拉起思齐的手细细端详着说："颜兄你这位令郎，长得一表人才，这双大手看来是练过功夫的，可不是做裁缝的料哦。"颜清说："这个情况我也想过，也问过思齐，他愿意呀。不信你问他看看。"江师傅问思齐说："裁缝细工慢活呀，需要的是耐心细心，你受得了吗？"思齐想，既然答应父亲了，也已经来了，总不能让父亲失望，咬咬牙说："没问题，受得了。"看着年轻人的态度，师傅也不好再说什么，正好这段时间订单增多，铺里正缺人手。于是，父亲让思齐双手捧着新打制而成的裹着红缎布的剪刀和两瓮头曲送给师傅，正式行了拜师礼，到旁边的饭铺吃了一顿拜师宴，这样便算正式入行，思齐被收为江记成衣铺伙计。

衣匠铺里学艺 成衣铺伙计的日常工作比较杂芜，思齐在成衣铺的头一年里是在打杂中挨过的。每天早上天刚亮，码头边上船坞里修船的敲击声宣告新的一天来到了，一些船主开始往船上装卸货物。此时成衣铺老板就吆喝伙计们起来。吃过早饭之后，伙计们各自动手做自己的活计，一天的工作开始了。店里除了老板江师傅之外，还有两位码头旁边豆巷村的许姓女工，都四十来岁。师傅负责接单、量顾客身材尺寸（有时还得上顾客家里量身），商定衣服布类款式，而后划线裁剪。两位女工擅长针线活，则负责缝缀拼接，缝扣眼，制成衣，还得用炭火烧得发烫的铜熨斗把制好的衣裤熨得平整妥帖，有棱有线，最后折叠装袋，写上顾客名字。

新来的颜思齐自然跟当时闽南（包括之前和后来的）所有伙计一样，要先当一年的打杂。挨得过一个年头，第二年起师傅才开始教艺，学徒必须苦练基本功，如在热水里捞针、牛皮上拔针，以提高速度和力度，并逐步掌握量、算、裁、缝、熨、折等技艺，到第三年满，就由徒升师。出师后，有约定的还要帮师傅至少干一年的活。一年以后由师傅引荐，别的铺号方能聘为师傅。若有点积蓄的,亦可自立门户经营,当然这是后话了。

这样,每天自店门打开之后,一天的活计就开始了。颜思齐负责力气活的杂事还真不少:开店取下"店窗"的木板条,到码头石阶下面的月溪挑水回店里把水缸装满,然后洗地板、劈柴烧水,按照师傅的吩咐到另一条街上的棉布店里挑买各种花色和品级的布料并用木轮车运回店里,晚上打烊把一片片店窗门板上好锁上,等等。这些力气活对能够托起二百多斤石香炉的他简直就是小菜一碟。活计当然还不止这些,因师母早年生病去世,所以有时顾客盈门,思齐还要煮茶招待客人、看顾店里衣物安全、外出市场买点柴米油盐等。江师傅有个名叫月桂的女儿已经出嫁,常常带着四五岁大的男孩子回家看看父亲,孩子满可爱的,就是有点皮,但他很快喜欢上了这位个头高大、会逗他玩的大叔叔,两个"叔侄"相处很好,逢到师傅吩咐他到码头买点外船带来的外国货物,比如西洋布和孩子洋玩具之类的东西时,还会带上这"小不点"一起去。于是月桂有时就把孩子丢给思齐照看,自己帮忙父亲做点针线活,吃饭时间到了也帮忙煮饭炒菜。

就这样过了大半年时间,一天晚上,两位女工回家了,师傅开始教思齐缝缀布纽扣和扣眼,这是他头一年里唯一学到的与制衣有关联的项目了。一开始,拿惯了刀枪棍棒的手拿起针来还真难适应,一不小心还扎了手,他吮吮渗出的血珠,继续缝呀缝的,比起学刀舞棍的磕磕碰碰,这根本算不了什么伤。反正啊,在这里就得从早上睁开眼忙到半夜。

仗义惩恶扬名　日子就在忙忙碌碌之中一天天过去了,思齐已逐渐适应了这学艺打杂的生活,江师傅也喜欢起这位办事勤快卖力、性格耿直豪爽的伙计。后来发生的一件事,使师傅对这位年轻人除了疼爱还有敬重。

这个时期，是月港贸易的繁荣时期，码头吞吐量和贸易额骤增，区区月港一弹丸之地，每年竟有两万余两银饷税的收入，这使朝廷重视加强对月港进出船只舶税的管理。于是，万历二十七年（1599），"上大搉天下关税，中贵人高寀衔命入闽，山海之输，半搜罗以进内府，而舶税归内监委官征收矣"。[①]

这段史料是说，为督促地方对月港海上贸易的管理，使"舶税"能够足额按时输入国库，朝廷在1599年派了内廷宦官高寀入闽担任税监，督理税务。高寀是顺天文安（今河北文安县东北）人，明神宗宦官，任御马监丞，因善于阿谀奉承，深得神宗宠信。高寀入闽后利用皇帝对他的信任，滥用权力，横征暴敛，胡作非为，不仅借用税监权势，中饱私囊，凡看到奇珍异宝，便以"吾已上供"为由，占为己有。为便于对月港地方的收税和盘剥百姓财物，他亲自住到海澄衙署之内，之后在督饷馆旁边兴建了税署衙门，便于现场操运，"寀躬自巡历，所过长吏望风披靡，漳守韩擢，每（被）股掌玩之"。[②]高寀自恃朝廷钦派命官，不把州府、县衙官员放在眼里，他搜罗了一批地方上的混混充作税棍，作威作福，鱼肉百姓，在月港及周边乡村贸易集散之处（墟场）竖牌书写皇上圣旨，向出海和靠岸的船只征收船税，向墟场做生意的商贾征收榷费，就连家养的禽畜（如鸡鸭猪羊等）亦在征税之列。船家商家稍有怨怼，便连船带货一并没收，——这些情况详细载入同时期漳州地方学者张燮著的《东西洋考》一书中：

黜吏、逋囚、恶少年、无生计者、率望羶而喜，营充税役，便觉刀刃在手，乡里（百姓）如几上肉焉。寀在处设关，分遣原奏官及亲信为

---

① （明）张燮：《张燮集·东西洋考》卷七《饷税考》，中华书局，2015年版，第1574页。
② （明）张燮：《张燮集·东西洋考》卷八《税珰考》，中华书局，2015年版，第1595页。

政，每于人货凑集，置牌书圣旨其上，舟车无遗，鸡豚悉算。①

于是不堪忍受的"漳民汹汹，赖有司调停安辑之，不大沸"。②这些史料记载，说明当时朝廷派驻闽管理税务（税监）的官员高寀及其手下税棍甚至不把漳州和海澄的地方官府放在眼里，滥用手中的权力，为非作歹，鱼肉百姓，民间积聚一股怨怒之气，还曾经酿成月港民众围攻税署的事件。地方官府不敢得罪朝廷派来的有权势的宦官，下力气协调平民百姓与税吏的矛盾，处理事件过后的善后事宜，尽量控制着矛盾不至于再次激发。

图2-15　海澄月港民众不堪忍受税监苛剥攻打税署（《海澄历史图册》）

有一天，思齐奉师傅之命，按顾客的要求把一套制成的衣服送到其家里，回来的路上想起要捎给父亲月港新近上市的淡巴菰丝（烟丝）尝尝鲜，就顺路趸入月港墟场，前面卖烟丝的食杂店铺前有一排农村赶墟而来卖鸡鸭蔬菜的，只见一堆人围在那里大声争吵，思齐上前一看，几个税棍正要把一位村妇的一担装着几只粉嘟嘟的黑骨白绒鸡的鸡笼挑走，那位村妇苦苦哀求说：刚才一伙已经来收过税了，你们还要再来收税，还讲不讲

---

① （明）张燮：《张燮集·东西洋考》卷八《税珰考》，中华书局，2015年版，第1595页。
② （明）张燮：《张燮集·东西洋考》卷七《饷税考》，中华书局，2015年版，第1574页。

理呀？旁边许多围观的群众也都帮着村妇发声，证明刚才已看见收了税，那几个税棍们仗着一身衙役服装，不把群众放在眼里，挑着鸡笼就要往外走，还边走边吆喝："闪开闪开！不交税就没收，看谁还敢抗税！"

颜思齐听在耳里，看在眼里，心头火苗蹿起，他一个虎步上前，抓住衙役肩上的扁担说："慢着！"只轻轻一拉，就把那担鸡笼给拽了下来，连那个税棍也弄得趔趄跌倒，旁边的群众都替这个路见不平出手相助的年轻人捏一把汗，心想这下子可闯祸了。那几个税棍看见突然冒出个小伙子来搅局，并不把他放在眼里，其中一个像是领头的嘴里不干不净地骂道："哪里来的野小子，也敢来这里撒野，好啊，把他抓起来一起送税署惩办。"

几个税棍就围了过来要捆思齐，只见思齐不慌不忙地来个鹞鹰展翅，快捷如风地一边一手出拳，连同来个扫堂腿，还没等大家回过神来，两个税棍早已被打出七八米远，还有两个被扫倒在地。"好！好身手"。围观的群众连声赞叹。一直以来都是衙役税棍耀武扬威，欺负百姓，哪里有过如此狼狈情景，大家纷纷对思齐伸出大拇指点赞。那几个税棍在地上摸摸自己身上，还好没打断骨头，自忖不是对手，连滚带爬地逃了。那个村妇对思齐是千恩万谢。有人认出这小伙子是码头上江记成衣铺里新来的伙计。于是，颜思齐身手不凡、豪爽侠义、除暴安良的名气就在月港埠头传了开来。

三、逃亡长崎平户

学艺三年出师 日月如梭，时间过得飞快，在忙忙碌碌之间，三年学艺的日子一转眼就到了。颜思齐学得刻苦认真，师傅教得仔细耐心。功夫不负有心人，在后面两年里，日夜苦学的颜思齐终于把量、剪、裁、缝、饰、缀、熨等各道成衣工艺一一掌握，做成的衣服顾客都满意，手艺也得到师傅认可，基本上可以独立操作，也就是可以出师了。但此时的思齐并没有另起炉灶、自立门户的想法,他考虑到,师傅对他太好了,简直就把自己当亲生儿子看待,他怎么忍心另开一爿成衣店来与师傅争饭碗!所以他根本没有去考虑自己今后的事。

万历三十八年(1610),这年春节他回到青礁过年,父亲觉得儿子快出师了,问他有什么打算,出师后想不想自己干。思齐说他就想跟着师傅干一辈子。父亲觉得,儿子懂得感恩是件好事,他尊重儿子的选择,但考虑儿子已21岁,该是到了成家立业的时候了,父亲开始考虑儿子的婚事,并正式托媒人寻求合适对象。然而,就在这个时候发生的一件大事,不仅使父亲的计划成为泡影,也由此改变了颜思齐的生活轨迹。

税监伤天害理 出师之后的颜思齐继续跟江师傅干活。万历四十年(1612)春节过后,颜思齐开始了满师后的第二个年头的裁缝生涯。此时的海澄民间流传着一件恐怖的事情——三天两头常有小孩子失踪的事发生,而后就渺无音讯,官府也查不出头绪,所以城乡到处人心惶惶,人们出门都不敢带小孩子,生怕意外发生。根据同时期的史料明确记载,这一时期福建各地连连发生的小孩子诡异失踪案件与生活腐朽糜烂的宦官税监高寀有关。他利用这些横征暴敛而来的钱财,过着花天酒地、荒淫无耻的腐朽生活。在会城(省会榕城)"筑亭台于一乌石山平远台之巅",又于署后建望京楼,"规制宏壮,几埒王家"。他的家中有"家丁三百余人,宾客谋士及歌童舞女百人"。此时其爪牙魏天爵、林宗文为献媚取宠,提供一骇人"秘方",称服用秘方能使阉宦的男性功能复生:"生取童男女脑髓和药饵之,则阳道复生,能御女种子,寀大喜。"于是高寀"多买童稚男女,碎颅刳脑。贫困之家,每割爱以售。恶少年至以药迷人稚子,因而就寀,博取多金者"。这样残酷杀害了许多童男幼女,以致"税署池中,白骨齿齿"。①

---

① (明)张燮:《张燮集·东西洋考》卷八《税珰考》,中华书局,2015年版,第1597页。

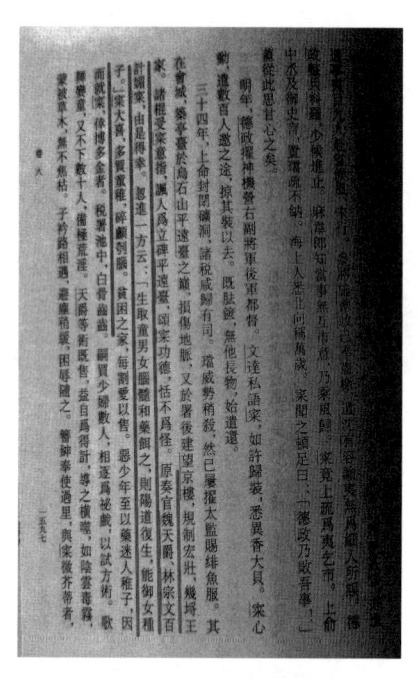

图 2-16 （明）张燮：《张燮集·东西洋考·税珰考》关于此事的记载（作者翻拍）

这是成书于万历四十五年（1617）、由龙溪才子张燮所撰写的《东西洋考》一书中记载的史料，高寀在闽16年时间的倒行逆施、残暴之事书中言之凿凿。此书印行于世距高寀万历四十二年（1614）被朝廷撤职调回京城仅三年时间，该书因史料确凿而成信史，后来为史界广为引用。

再说当年就是因高寀掷巨金购"秘方药饵"童稚男女，许多地方恶少年，包括府县税署税役一为取宠朝廷命官，二是有利可图，于是争先使出手段，找准目标，乘人不备，或强行抱走或用迷药迷晕幼童，而后献宠或巨金售给高寀，致使地方上屡屡出现稚童失踪之事。

一天早上，师傅的女儿月桂抱着孩子又回到父亲家里。思齐因师傅交代到布店买布，一大早就推着木轮车出门了。因买布的人多，他就在布店里等。没一会儿，突然间，月桂慌里慌张地找到了布店来，着急地问思齐有没有看到孩子，思齐说："没有啊，怎么了？"一听说没有，月

第二章 豪爽侠义的月港裁缝师

桂眼泪就掉下来了，她边哭着边说："糟了糟了，孩子丢了，呜！"思齐见状，也顾不得买布了，忙问道："怎么丢的，详细说说。"

原来孩子一早跟妈妈回到外公家里，就吵着找思齐叔叔玩，许姓女工哄孩子说："你叔叔出去买布，等会就回来，我陪你玩吧。"孩子就是要找思齐，他说："布店在哪里我知道，我自己去找。"大家以为小孩是讲着玩的，没想到一会儿一不留神就没了踪影。

"他说要找你，一眨眼就不见了，这可怎么办啊？"说着，眼泪又断珠子似的往下掉。思齐一听，想起近来常发生的事，顿时有种不祥的感觉。他连忙安慰她说："别急别急，我们这就去多处找找，也许他跑到哪里去玩儿。"思齐与月桂当即往回走，沿路四处察看有没有孩子熟悉的身影，还沿街一家一户问过去：有没有看到这么个四五岁大的孩子……

一路回到铺里，并没有任何结果，师傅在那里愁眉苦脸，两个许姓女工也分头找孩子去了，月桂在旁边哭泣。正在发愁之际，一位许姓女工回来告诉一个消息说："问到市场那边一个卖酒的伙计，说有个穿税役服装的公差抱了个孩子刚从这里走过，那孩子一边挣扎一边哭着喊叔叔耶。"

失手打死税役 一听这话，思齐的心就紧缩了起来，他最担心的预感没错！孩子被税署衙役抱走了。"找税署衙去！"颜思齐抬腿就走，月桂跟着走出店铺，江师傅吩咐两位女工照看好店面，也赶紧跟着走在后面。不一会，就到了城区督饷馆旁边的税署衙，门口两位衙役把着不让进去，里面传来孩子的哭喊声："叔叔，我要叔叔呀。"没错，孩子就在里面。颜思齐对把门的衙役说："我家孩子丢了，应该是你们公差大人捡到把他抱回署衙里，先谢谢啦！"他边说边向两位衙役拱手道谢，并指着旁边月桂说："她就是孩子的妈妈，现在我们就来把孩子领回家。"

那两位衙役不但不领情，反而厉声诘问："噢，你说孩子是你的就是你的吗？随随便便就可以把孩子抱走，哪有这等便宜事？"

35

"不然要怎么着？说说看。"听到衙役的话，颜思齐已经有了火气。

"呜……唔……"里面孩子的声音明显低了几度，看来是有人在捂孩子的嘴巴。"我的儿呀"，听着孩子就在里面却见不了，月桂急了，身子往里冲。衙役挡着不让进去。颜思齐一把拽住一个衙役的手，忍住满腔怒火说："让不让进！？"他的手劲确实够大，那衙役哀号了起来"我的手啊，别那么用劲，哎哟，快断掉了"，另一个衙役认出了思齐——那天在菜市场帮助卖鸡鸭村妇的小伙子，已经领略过思齐功夫的他，赶忙跑进衙署搬救兵。一会儿，里面跑出来十来个带着棍棒的衙役，凭着人多势众，其中一个头领模样的对颜思齐说："大胆小子，快放下手来，找孩子找到署衙来了？"思齐忍着气，放松了手，那衙役这才抽出手来，连连揉着吹着："哎！疼死我了！"

思齐说："刚刚还听见孩子在哭呀，如果是你们公差大人帮助我们把丢失的孩子捡到抱回署衙，我们真是要感谢你呀，现在就让孩子妈妈把孩子接回家吧。"

看着赤手空拳的颜思齐，那头领根本就没放在眼里，喝道："大胆刁民，来呀，给我绑起来！"

众衙役一拥而上，棍棒雨点般地落到思齐头上身上，此时的他已无退路。只见思齐嗨地大喝一声，跨着马步，侧着身子，不慌不忙地来个掀掌天王托塔，双手架起几支棍棒，说时迟那时快，他抢入一步顺手来个双擒手，把身旁两个衙役的头往一处碰，只听得哎呀一声，那两个衙役顿时眼冒金星，口鼻流血，瘫软倒地。思齐取下他们的棍棒，这下子如虎添翼，他把棍棒舞得呼呼作响，碰到的棍棒就飞了出去，碰到谁谁倒地，再也无人敢近身来。思齐如入无人之境，从门口打进衙署，从大厅打进后室，找到了被绑在床上、破布塞住嘴巴、已无力挣扎的孩子。月桂赶紧跟着进来，抱起了孩子……

第二章 豪爽侠义的月港裁缝师

出得门来,衙署已经没了人,门口那两个衙役还瘫在地上,一个还在动弹,一个已经没了气息。旁边围满了看热闹的民众,有人称赞颜思齐功夫厉害,教训了这帮欺负百姓的衙役,替百姓出了一口气;有人替颜思齐捏一把汗,悄悄告诉他,已经出了命案,赶紧逃命。①

一会儿工夫,大祸已惹起。看这情况,店里是回不去了,思齐告诉月桂和江师傅,赶紧回去店里收拾东西,关铺避难,自己也不能回去青礁老家了,请江师傅赶快到青礁转达一下父亲,让父母到南靖山里亲戚家住一段时间,以免遭到不测。说罢便拜别师傅。临别,师傅从兜里掏出几块银圆和一把铜钱,放到思齐的手里,说:"你就放心逃命去吧,这点钱路上用,注意保重啊。"

大家看到这伤别一幕,唏嘘不已。

水手仗义搭救 看看各项急事已吩咐和安置停当,颜思齐跪下拜别师傅,先行回铺里取了几件衣服,来不及细说情由,便匆匆告别两位看店的许姓女工,拔腿就顺着埠头岸边往最近的饷馆码头跑,这里是商船出东洋的专用码头。他在路上已经想好,这小小的埠头,绝不可能有藏身之处,需赶在官府贴出抓捕告示之前离开月港,到哪里去呢?来不及细想了,三十六计,走为上计,先离开这里再说。

码头上,一艘装满货物的本地商船正在起锚,岸上一位本地水手已在解开系在桩柱上的船缆,准备起航。颜思齐一个纵身跃上了船舷,一位年轻水手上前盘问:"你干什么?我们这船是货船,不载客人的。"

思齐答道:"小兄弟,我有急事出门,奈何客船已开,无奈之下,只好恳望能度我一时之急。"

水手又说:"我们这货船是走日本长崎埠头的,你要去哪里?"

思齐一听,猛一想,正好,可以远走高飞,皇帝老子再怎么也奈何

---

① (清)江日升撰,刘文泰等点校:《台湾外志》,齐鲁书社,2004年版,第4页。

不了我，天助我也！忙说："小兄弟，这可太巧了，我就是要去长崎啊。"

说着，急忙从兜里掏出三块银圆塞到水手手里，说："小兄弟，请帮帮忙，我这辈子忘不了你的大恩大德。"

看了看手里的银圆，显然这点钱是不够的，又看看面前的年轻人一脸耿直厚道，好像还有点面熟，哦，对了，这不就是那个仗义替村妇讨公道的江记成衣铺伙计吗？那焦急的神情，好像是碰到了什么难事。水手想了想，说："好吧，跟我来。"他就拉着思齐进入了货舱底层，说："你就在这里，别出来。有人问，就说是我的表兄弟，我叫陈衷纪，也是海澄人。"思齐听罢，心头十分高兴，大难临头之际，还是同乡好呀！

命运与颜思齐开了个大大的玩笑，他本该在出师之后可以跟师傅继续从事裁缝手艺，娶妻生子，过安稳日子，赡养父母以至天年。却不料从此要与家乡永远告别，浪迹异土他乡，过上亡命天涯的日子。这一年，颜思齐23岁。[①]

入晚，台湾海峡的浪涛拍打船舷的声音声声入耳，底舱里的颜思齐辗转难眠，父母、师傅，还有月桂、可爱的小侄儿，他们这会儿平安吗？

前面，又会有什么事情在等着这位浪迹天涯的年轻人呢？

[①] 颜嘉德：《颜思齐开拓台湾史略》，台北，2015年编印，第111页。

第三章　长崎的闽商头领

本章摘要：逃亡日本长崎平户的裁缝师颜思齐，因武艺高强和乐于助人的豪爽性格，在他的周围又聚集了一大批闽南商人。因其个人魅力所产生的号召力，使他成为平户码头的小头目——"甲螺"，并结识了巨商李旦和一大帮闽南兄弟。不满幕府专制统治的他，又带领众兄弟积极参与日本社会的"倒幕"活动，因事泄又遭地方官府的追捕。本来也可以在长崎过安稳日子的他，再次踏上逃亡之路。在风云际会中，他与"东番"（台湾）不期而遇。

一、极具凝聚力的"甲螺"

从长崎到平户　颜思齐乘坐的是海澄老板运载闽南土特产开往日本长崎的商船，这里得说说颜思齐将要到达的日本及其这座港口城市。长崎是日本最南端九州岛的一个县（日本的县相当于中国的省，以县管市），位于九州岛最西部，由半岛、海岬、海湾、湖岔构成，是一个风光明媚的海洋之县。长崎县管辖范围包括九州本岛和九州西北部海域的平户岛、对马岛、壹岐岛和五岛列岛等离岛。长崎这一地名来自古代最早在这里居住的长崎氏渔户。

颜思齐逃亡长崎之时，正是日本国内经过关原大战（日本战国史上最大的会战，发生于1615年），德川家康打败了劲敌丰田秀吉军事集团，消灭了丰臣氏势力，又征服了全国各地大大小小的"大名"（称霸一方的藩王），结束了自应仁之乱以来混乱的战国局面。随后家康被朝廷任命为"征夷大将军"，在江户（今东京都）开设幕府，日本由此进入了江户幕府时代。

建立江户幕府后，德川家康一改过去丰田秀吉强硬的外交，致力于与海外诸国缔结友善关系，推动海外贸易，以收和平通商贸易之利，专心国内的整顿和政权的强化。江户幕府批准日本岛南边的长崎港及其所辖属的平户港为全国唯一对外通商口岸，并对外国人在日贸易经商实行优遇政策，因此这个时候的日本长崎和平户已经成为中国商民的活跃之地，闽南人在此经商的尤多，总人数有二三万人。平户的中国人聚集在今天平户岛户木引町一带，形成中国城（唐人街）的规模，在那时叫"唐人町"。这种盛况连当时福建巡抚南居益都有所耳闻，他说：

闻闽越三吴之人，住于倭岛者，不知凡几千百家，与倭婚媾，生长子孙，名曰唐市，实繁有徒，不可按核。其往来之船，名曰唐船，大都载汉物以市于倭。①

江户时代的长崎县分为1幕府、6藩、5领。江户幕府成立后，长崎地区仍然维持了平户藩、平户新田藩、岛原藩、对马藩、福江藩、大村藩等诸藩（"藩"又叫"大名"，类似中国战国时期的诸侯）并存的局面，管理平户的大名是在关原大战中倒戈支持德川、为德川军提供了大量辎重和补给的松浦镇信，德川大胜后建立德川幕府，松浦镇信因支持有功，被封平户藩主，并世代承袭。

---

① （清）顾炎武：《天下郡国利病书》卷九十六《福建六·傅元初：请开洋禁疏》，上海古籍出版社，2012年版。

第三章 长崎的闽商头领

回来再说颜思齐 颜思齐海上数天底舱生活颇为枯燥而沉闷，幸好陈衷纪有空便来陪陪老乡说说话，聊聊天。谈话中，颜思齐发现陈衷纪不仅是富有同情心的热心人，而且是个很有头脑很精明的年轻人，还与船老大关系不错，难怪他敢于收留颜思齐。几天之间，他们已迅速从陌生到熟悉，而陈衷纪敬佩颜思齐扶弱助贫、打抱不平的性格。于是他们成为推心置腹的好朋友，衷纪已经把思齐当成大哥对待。颜思齐也坦率地把自己为给师傅讨回孙子，失手打死税署衙役而逃亡的事告诉了他，陈衷纪知道了事情的原委，更加钦佩颜思齐的为人，但他担心颜思齐到长崎之后的生活着落问题，问道：

"你在长崎有没有亲戚朋友？"

"没有。"颜思齐说。

"那你到长崎后怎么生活呀？"

这个问题，思齐已在这几天里考虑好了——租个店铺，开个裁缝铺，总可以应付生活吧，他把自己的打算告诉了衷纪。

经常跑长崎的衷纪对思齐说："兄长这个想法不错，依我之见，干这个营生不如到平户去，那个地方属长崎管辖，也是一个港口城市，闽南人更多在那里经商做生意，遇事找乡亲可以有个照应。"

思齐说："兄弟所言极是，但要怎样去呢？"

衷纪说："只要大哥愿意，小弟我自当安排。"

就这样，经过长达一旬半的"底舱"生活，在同乡水手陈衷纪的关照之下，颜思齐终于与货船一起抵达日本长崎港。上岸之后，衷纪安排码头上几位苦力把船上货物搬出船舱。货物搬完之后，衷纪找了个同乡熟人，让他找条跑平户的船把"表哥"颜思齐带到平户去。就这样在长崎与衷纪分别，半个月的相处，两个热血汉子居然都有点不舍，互道珍重。临别之际，衷纪把那三块银圆还给了思齐，还从兜里另外掏出了一些铜钱说："你到这新的地方，举目无亲，还是留着用吧。"想想也是。没曾想，过了几年之后，他们真的又在平户重逢，共图大业。

就这样，颜思齐坐上了到平户的船，大约半天时间，这位海澄的裁缝师就到了长崎的平户港埠头，他的逃亡生涯就从这里开始了。

平户颜氏裁缝铺 平户是长崎县西北隅的一个长条形海岛城市，它的东面隔着一条狭窄的海峡与松浦半岛相邻，是日本国土南端最西边的一座港口城市。初来乍到的颜思齐，眼前的港口、船舶、海水、海岸，还有那海边特有的鱼腥味，都和家乡海澄月港差不多，只是街上的房屋形式，人们的穿着、说话的语音等，还真和家乡海澄不一样：尖顶低檐的二层木板楼房，穿着宽松和服（据说是中国唐装遗风）的男男女女，头扎一绺发髻，腰挎东洋弯刀的日本武士，操着听不懂的咦咦唔唔的日本语音，特别是道路两旁有不少浓妆艳抹、搔首弄姿的歌伎舞女在招徕客人，令人明显有异国番邦的感觉。

因长崎和辖下的平户港是江户幕府批准的唯一对外贸易港口，从17世纪就开始频繁地与中国、荷兰和葡萄牙等进行交往，成为日本与外国交往的窗口。平户地理环境优越，是全日本海产品最丰富的地方，小市镇又很安静很优美，市区最高的龟冈山上还有一座建造于庆长四年（1599）的日式城堡，又称作龟冈城或平户城，这就是平户藩松浦镇信的豪华官邸，十分气派，成为平户的地标性建筑。由于平户地方政府管理海上贸易比较宽松，所以各地海商都喜欢在这里靠岸，因而这里比长崎还繁华。此时的平户聚集了来自四面八方的海商，其中又以闽南人为主体，还有一条名叫户木引町的热闹的唐人街区，在这条街上有许多闽南人开的"船头行"（几户殷实船家合并股份而成的海上贸易公司，一般都拥有十多艘船只组成的船队）和贩卖闽南茶叶、丝绸、陶瓷等乡土特产的店铺，还有闽南人开的餐馆饭店。走在街上，可以听到熟悉而亲切的闽南乡音,看到穿着闽南衣饰的生意人,连码头上都有许多闽南打工仔。由于有了这些浓厚的家乡因素,颜思齐差点忘了自己身处海外。

他顾不得仔细欣赏异域他乡的风土人情,赶紧在街上找个便宜的旅馆安顿下来,没想到,陈衷纪还给他的银圆和铜钱在这里还很管用(当时月港与长崎海上贸易的结算货币就用明隆庆通宝——圆形方孔铜钱,一文铜钱重1.4钱,值银4厘)。第二天,颜思齐到岛上最繁华的、闽南人最集中的户木引町唐人街区租了个店铺,买了剪刀、针线、粉饼、量尺、布料、裁缝桌子和熨斗,其中剪刀、量尺、熨斗和画线的粉饼还是家乡海澄的产品。为了防身和习武,他还特地买了一把东洋刀。这样又忙活了一天,第三天,"颜记"裁缝铺就这样正式开张了。

人高马大的"唐人"在户木引町街上开了间"颜记"裁缝铺,这在小埠头的平户可是个新鲜事,而且还是闽南人,所以,以讲义气著称和家乡观念极强的当地闽南人就抱着给家乡人捧捧场的心态到这里做衣服,不曾想到,这个五大三粗的汉子做出的衣服居然做工精致,裁衣合体,人又和善豪爽,有时取衣服钱不够也不计较,谁有困难一跟他说,还能得到帮助。久而久之,"颜记"衣匠铺的名气就在平户传开了。许多闽南人就成了颜记裁缝铺的常客,不管做衣服没做衣服,有事没事,都喜欢往这里跑,来这里喝喝茶,聊聊天。颜思齐也让一些常来铺里喝茶的船户朋友捎来闽南家乡的茶叶。于是,这个衣匠铺又成了平户闽南人温馨的茶馆。

日子就在忙忙碌碌之中一天天过去了,一转眼三年就过去了,颜思齐因有闽南乡亲捧场,生意做得不错。另外,因为他为人豪爽,待人真诚,对朋友的难处热心帮助,所以经常有新结识的、在当地经商打工的闽南人和从月港、海沧、安海驶船跑长崎平户的船老大来店铺里做衣服、喝茶、聊天,带来许多本地和家乡的消息,颜思齐虽然在平户当裁缝匠,却通过他们了解许多本地和家乡的事情,但有件事老是让他心里牵挂。直到有一天,一张熟悉的脸孔终于出现在店铺门口——陈衷纪!颜思齐连忙跑出迎接,两个人抱在一起:"小兄弟,你怎么找来了?"衷纪这趟正好押运一船货物来到平户,货物处理完后,他想起了颜思齐,在码头一打听,很快就找到了颜记裁缝铺。

"你这裁缝铺在这里还有点名气,一打听就找到了呀。"

他把陈衷纪迎入铺内,烧水煮茶。

陈衷纪说:"大哥你这几年看来混得不错,行啊!"

"还好,有众多闽南朋友捧场帮着,日子还过得去。"

"那就好,出门就得靠朋友嘛。"

两人一边喝茶一边聊天,颜思齐想起了心里一桩牵挂的事,问道:"我青礁的父母现在怎么样,还有江师傅呢?你知道吗?"

"哎哟,说起这事,大哥你可把海澄县城给闹翻天了呀。我从长崎回月港后,听码头船头行老板说,我们的船刚离开没半袋烟工夫,一队卫兵就到码头上巡逻,还盘问有没有看到一个高高大大的年轻人坐船离开码头。县城里大街小巷子里到处贴满抓捕你的告示,还画了你的图像。还好你跑得快,慢一点可就跑不了了。"他呷了一口茶,接着说:"你师傅也是马上关了店铺,躲到乡下去了。听说官兵还到青礁去抓你,你父母也听到了消息早早跑了,不知道去哪里了。"

听着衷纪这番话,颜思齐三年来心里一直牵挂的大事终于有了着落,他长长嘘了一口气,他知道,是师傅及时通知了父亲,避免了这事的亲属株连。

当晚,颜思齐在街上一家闽南人开的饭馆,为久别三年的恩人兼兄弟陈衷纪接风和表示谢意。席间,他知道,小兄弟陈衷纪积累了资金,一年前购置了一条船自己跑海上贸易,已经是船老大了。于是两人举杯互相祝贺。那晚，两人都喝得酩酊大醉。

第二天，陈衷纪忙着要到长崎去装货，颜思齐到码头送别，临别时对衷纪说："我看这个小港口地方很繁荣的，又有许多闽南乡亲，你以后来这边发展也不错啊。"

"再说吧。"衷纪听着，摆摆手，上船吆喝几个水手升帆起锚，一会儿，船就开走了。没想到，一年后，陈衷纪还真的来到了平户，加入了这里的闽南帮船行。这是后话，暂且不表。

豪爽的埠头"甲螺" 有话则长，无话则短，一转眼又三年过去了，这三年里，颜思齐变化蛮大，一是裁缝业务扩大，不仅给当地闽南人做衣服，还学会了说日本话，做日本和服，他的裁缝技艺也确实可以，所以生意兴隆，渐渐有了些积蓄，于是又开了与裁缝业紧密相连的布庄，还通过跑月港的乡亲船户捎来漳州的棉布、丝绸、漳绒、漳绣等，这些家乡的特产颇受日本各界欢迎，因而生意做得风生水起，成为当地的富户；二是很高兴地迎来了来平户侨居做海上贸易的老朋友陈衷纪；三是因仗义疏财、乐善好施的性格为当地民众和本地日人所敬重，也为平户藩主所看中，于是被幕府聘为"甲螺"，甲螺，亦称甲必丹，"甲必丹"是荷兰语"kapitein"的音译，本意为"首领"（与英语"Captain"同源，亦用以称呼将校级军官及商船船长），在南洋各国叫甲必丹，在日本叫甲螺，是当时海外殖民者利用侨居外国的华人管理华人的一种制度，即基层小头目；四是喜欢广交朋友的他又结识了好多新朋友，如当时在菲律宾排华屠杀华人时被囚禁而后逃难过来平户定居的惠安籍海商领袖李旦，以及晋江籍船老大杨天生、南安籍郑一官（后改名郑芝龙）等一帮闽南籍海商朋友。这些朋友都对颜思齐后来人生轨道又一次转折起了重要作用。

李旦是当时海内外势力最大影响也最大的海商首领。《明实录·卷五十八》记载了福建巡抚南居益天启五年（1625）四月戊寅的题奏云：

今镇臣俞咨皋奏言，泉州人李旦，久在倭用事。

　　2002年由中国华侨出版社出版的12卷本大型工具书《华侨华人百科全书·人物卷》的日本华人人物有关李旦的词目载：

　　李旦，明末清初日本平户华侨贸易商。福建泉州人，曾在马尼拉经商，后到日本，居于平户，成为当地华裔领袖。①

　　李旦一生着力经营海外贸易，成效十分显著，16世纪末到17世纪初在菲律宾马尼拉经商时，因善于经商，成为菲律宾华人首富。他人脉颇广，与颜思齐一样性格豪爽，乐于助人，威望很高，成为菲律宾近3万的华人首领，然而，他在菲律宾的巨大成功使当地的西班牙殖民者当局非常眼红，有的还向李旦借了巨额债务。正是这些还不了的债务成为李旦厄运的祸根。1603年，西班牙殖民当局发动了首次针对华人的大屠杀，这次大屠杀有二万四千多华侨惨遭杀戮，李旦辛辛苦苦经营起来的庞大财富也落入了西班牙人手里。西班牙人寻找借口将他逮捕下狱，没收了他所有的财产和货物（超过四万块金条），他们欠李旦的巨额债务不仅被一笔勾销，还罚李旦在一艘船上服苦役。3年后，李旦在参与1606年西班牙人征讨摩鹿加（摩洛哥）战役后被释放，于翌年投奔他在日本的结义兄弟欧华宇，之后移居日本长崎闽南人麇集的平户。聪明的李旦吸取在菲律宾的惨痛教训，积极结交平户官场的头面人物，包括长崎奉行（相当于市长）长谷川权六、平户藩松浦镇信等。这使李旦在平户左右逢源，为他开展海上商务贸易提供了很好的环境条件。善于经营的他在岛上建置房屋，娶妻生子，设立商号货栈，通贸海外，并让自己的弟

---

①　周南京编：《华侨华人百科全书》（十二卷），中国华侨出版社，2002年版。

弟李华宇在长崎充当代理人。几年后，他又积累了巨额财产，其规模庞大的船队往来日本、中国台湾、闽粤、越南、暹罗、巴达维亚（今印尼雅加达）一带，载运生丝、陶瓷等中国货物至日本贩卖，成为纵横东南亚一带最大的海上贸易巨商。当第一批英国人于1613年到达平户时，李旦已是当地华侨领袖，英国人还租了李旦的房舍作为英国东印度公司在日本的总部。

在平户一次李旦为其女儿庆生的宴会上，颜思齐有幸邂逅了这位大名鼎鼎的惠安籍商界巨擘，几番接触之后，豁达聪睿的李旦看上了豪爽正直、讲信用又有武功和才华的颜思齐，并听到了这里民间盛传的颜思齐摆平武士的故事（下面将讲此事），他建议颜思齐别在裁缝铺里终了一生，最好转行跟他一起做海上生意。有这样商业领袖的提携和扶持，聪明的颜思齐当然不会放过这最佳聚拢财富门道的天赐良机。于是李旦开始把颜思齐纳入他庞大商业队伍之中，让他跟自己的儿子李国助一起负责平户对"东番"（时台湾之称谓）和厦门的贸易事宜，也经营与菲律宾的商业贸易。颜思齐因有李旦的帮衬，很快掌握了这门新业务的要领。经过两三年的奋斗，颜思齐已经不再是一个小裁缝铺的老板，而是成了纵横海上的大商家。他的财富像滚雪球一样越滚越大，在日本平户成了一支不可小觑的力量。[①]不用说，这段意外的海商经历，对后来进入台湾，在农业开发之外，进行海上贸易，以缓解开发经费的不足，发挥了重要作用。

---

① 颜嘉德：《颜思齐开拓台湾史略》，台北，2015年编印，第86页。

图 3-1　颜思齐的拜把兄弟郑一官（芝龙）像（月港海丝展馆提供，洪一鸣翻拍）

郑一官（后改名郑芝龙），字飞黄，福建泉州南安石井人，地方史乘记载他"身材姣好，天资聪明，颇有语言天赋，胆智才略超人"。其父郑绍祖供职于泉州太守府，其母为澳门商人之女。石井的安平（今安海）是个濒海港湾，所以安平地方之民俗喜好行贾，从月港开洋与吕宋交易之路通以来，开展海上贸易者，十有九家，这里历来就是海商辈出之地。郑一官虽然聪慧却不喜读书，喜欢舞枪弄刀，不为其父喜爱，所以在郑芝龙成年后即被父亲送往当时中外贸易中心的澳门，跟着母舅黄程学做生意。他在澳门参与了黄程经营的对外贸易，还皈依天主教，跟牧师学会了葡萄牙语。或许是为了贸易谈判上的便利和更方便地与天主教国家做生意，他以教名"尼古拉斯"（Nicolas，一说为 Jaspar）接受洗礼。欧洲人称他为尼古拉斯·一官。在海上经商过程中，他凭着语言天赋又先后学会了日语、荷兰语、西班牙语，这使他在与这些西方海商做生意中更加游刃有余。

在跟黄程学做海上贸易的过程中，郑一官认识了海商领袖李旦，他通晓生意买卖、经商中的善于交际和语言的才华深得李旦的赏识，收他为义子，并让他负责一支经营澳门的船队。一官忠实和勤勉地照顾义父李旦的生意，愈发得到李旦的赞赏和信任，给他几艘船和一批财货，派他去交趾（越南）和柬埔寨进行商业贸易。他都能很好地完成使命，给义父带来了丰厚利润。李旦还把朋友圈的几个富商介绍给他，其中不少人乐于把大批货物交给他。

万历四十年（1612），18岁的郑一官到达日本，当时日本正是德川家康幕府时期，他前去拜谒平户藩松浦，赠以中国名贵药物，居住在平户，并认识了在平户衙门当差的翁笠皇。翁笠皇原是从泉州移居平户的一位铁匠，这位身材魁伟、相貌堂堂的泉州人在一次为平户岛主田川七左的住所打制铁栅门的过程中，结识了田川七左之女，并俘获了她的芳心，这对有缘人终结连理，并诞下一女田川氏。翁笠皇也在其岳父的提携下，到平户衙门当差。郑一官认识翁笠皇时，田川氏已长成亭亭玉立的少女。一表人才、又善于言辞的一官使正值豆蔻年华的田川氏一见倾心。1621年初，一官娶了翁笠皇的女儿田川氏为妻，三年后，田川氏为他生了一子，起名郑森，他就是后来的民族英雄郑成功。

颜思齐与郑一官既有闽南同乡之谊，彼此又均为豪杰之士，意气相投。颜思齐很快与他成为好朋友，后来结拜金兰。正是这位年轻有为的南安人，在关键时刻为颜思齐避免了又一次杀身之祸，在颜思齐去世之后，成为颜思齐开台事业的继承人。

杨天生和陈衷纪则是促成了颜思齐举起反对幕府专制统治的旗帜、事泄逃亡"东番"（今台湾）、成就开台伟业、最终成为"开台王"团队的重要人物。

二十八金兰称大哥　由于商业活动接触面大，颜思齐又结识了许多新朋友，这其中志气相投的除了前面已述及的晋江籍船户杨天生和海澄籍船户陈衷纪之外，还有莆田籍、善使藤牌的洪升（字杲卿），能举500

斤石狮的惠安籍张弘（字子大），善使标枪和火炮的同安籍林福，林福推荐年少侠义的同乡李英、庄桂、杨经，陈衷纪推荐同乡林翼、黄碧、张辉、王平、黄昭5人，南安籍船户、武艺高强的郑一官（李旦义子）推荐高贯、余祖、方胜、许妈、黄瑞郎、唐公、张寅、傅春、刘宗赵、郑玉，以及陈勋、何锦，善使钯头的漳州南靖人李俊臣等，共28人，皆是侨居平户营商船户中之佼佼者。

根据清江日升的《台湾外志·卷一》所载：28位英雄豪杰于"六月十五日，大结灯彩，香花牺牲，列齿序行，烧化纸钱，祷告天地，结义金兰"。因颜思齐年纪最大，其功夫了得、豪爽侠义和乐于助人又为大家所称道，最有威望，于是被推为老大，杨天生年龄比思齐稍小，又足智多谋，排行第二，陈衷纪排行第三……郑芝龙年纪最小，为尾弟，但他却是在28位兄弟中，唯一能够同时用日本、葡萄牙、荷兰人语言与这些外国人交流打交道的成员，颜思齐看他才略过人，对他特别器重。于是聚28兄弟"大开筵席，畅饮而散。自此之后，亲契友爱，胜于同胞"。[①]

二、摆平了寻衅武士

日本的武士阶层 话分两头，再说说思齐认识李旦之前在平户的裁缝生涯。那时在日本底层社会讨生活，免不了与日本社会一个特殊阶层人物的接触，这就是武士阶层。日本的武士是一个有权有势有实力又十分复杂的阶层。这里得介绍一下日本的武士制度。

日本武士制度创始于9世纪中期的平安王朝时代，当时，一些地方领主为保护自己的庞大财富，开始建立私人武装（如中国战国时期就有

---

① （清）江日升撰，刘文泰等点校：《台湾外志》，齐鲁书社，2004年版，第5页。

的门徒、家丁，晋代时期的乡团），并利用其扩张势力。这种武装逐渐成熟为一种制度化的专业军事组织，即把具有武艺才能的人才组织成地方武装队伍，这是武士制度的开始。其基础是宗族和主从关系，此时武士阶层只是依附于领主，虽然重要，但地位很低，是领主的侍从或保镖。到了10世纪，朝廷无力镇压地方势力的叛乱，不得不借助各地武士集团的力量，武士制度开始得到朝廷的承认。

武士阶层的形成是在镰仓幕府（1192—1333）时期，这个时期是日本幕府政权的开始，其建立者是武将源赖朝，他于日本平安王朝的末期，打败了贵族阶级的实权派平清盛一族，建立了镰仓幕府，标志着日本由中央贵族掌握统治权时代的结束，在贵族时代地位很低的武士由此登上了历史舞台，他们崇尚以"忠、义、廉、勇、忍"为核心的思想，结合儒学、佛教禅宗、神道教的精神要义，后来逐渐形成日本军国主义精神支柱的"武士道"。镰仓幕府的建立标志着日本天皇成为傀儡，幕府成为实际的政治中心。

武士制度的完备是德川幕藩制，整个日本社会的统治阶级由以将军、大名为代表的高级武士到最低级的足轻（步卒）低级武士组成，这一时期有一个著名武士叫宫本武藏（1584—1645年）。他是日本战国末期至江户时代初期的剑术家、兵法家，在日本的影响相当大。他从十三岁开始到二十九岁，与其他流派比武达六十多次，从来没有败过一次。他擅长用刀，以致有"真田（幸村）的枪、宫本的刀"的说法。他的手下聚集了一批具备武术功底的武士，成为当时日本社会一股重要地方武装力量。他著有剑术书《兵道镜》，还有兵法理论《五轮书》《五方之太刀道序》《兵法三十五固条》等兵书，对当时和后来的日本武术界、军事界影响很大。

武士之间的级别和生活水准也是相差极大的，即便同为藩主大名，在长崎也和在别地的截然不同。武士大多数是中下阶层小人物,他们如果不能依靠一位有权有势的领主,生活往往是在穷困中勉强维持。倘若他们依附的领主犯了事被开革,或是领主经济困难必须削减人手,许多武士就只能成为浪人,浪人是指失去为之服务的主家和俸禄的野武士,他们没有俸禄,空有武士身份(这是他们最大的资本),他们之中有的可能被其他大名(藩主)录用,重新成为有俸禄有社会地位的武士,有的则成为黑社会的打手,还有的就下海剽掠而成为海盗,当时在我国东南沿海一带烧杀抢掠的多是这样的浪人,而且在日本谋生的华人也经常受到他们的欺负。

施威惠降服武士 一天傍晚,颜记裁缝铺来了一名不速之客。此人头戴宽沿阵笠,上穿浅葱色山形袖口羽织服,下着马乘袴裙裤,腰上斜挎一把长长的东洋弯刀,一身武士打扮。

店里,颜思齐正在跟杨天生几位朋友喝茶,看到来了客人,便站了起来双手抱拳作揖,问道:"敢问客官尊名,来到敝铺,不知有何贵干?"

来者答:"我叫佐井太郎,是宫本武藏府中的侍从。听说你这里裁缝技术不错,想来做一套服装。"宫本武藏谁不知道,那是当时日本武士界颇有名望的人物,手下一个个也都是不好惹的主。家住平户的佐井太郎那天闲着无事,上街闲逛,来到闽南人聚居的唐人町,一眼看到街上有一爿裁缝铺,里面有多位华人在喝茶聊天,他便踅入店里,想做套武士服。颜思齐还真没做过这种职业性很强、装饰件太多的衣服。便说:"这位客官,不好意思,敝人还真不会做这种服装,请您到别的裁缝铺做吧。"

佐井太郎不高兴了,他沉下脸说:"不会做武士服装,就别在这里混!"

旁边的二弟杨天生一听这话,觉得事情不好了,忙端起一杯茶说:"这位先生,请喝茶,有话好商量,别伤了和气。"

第三章 长崎的闽商头领

佐井太郎并不领情，他挥手打掉天生手中的茶杯，茶杯碎了，茶水飞溅。

这太欺负人了！颜思齐心中蹿起无名火。虽然知道身在异乡他国，凡事能忍则忍，但眼前这位凭着宫本是他的主家，就这样仗势欺人，这口气还真咽不下去！他虎起脸说："客官你这是干嘛，我这庙小容不了你这尊大神。但要叫我关铺，还轮不到你讲话！"

眼前这位身体健硕的裁缝师，虽然比自己高出半个脑袋，佐井太郎凭着自己有些本事，并不把他放在眼里。他拍了拍腰上的刀柄，冷笑着说："能不能把铺再开下去，先得看我这把刀同不同意。"

话已说到这个份儿上，一场斗狠已箭在弦上。几位同乡拉住火冒三丈的颜思齐，天生却另有心思，他用闽南话问颜思齐有几分胜算，颜思齐说看起来没什么问题。天生放心了："干吧，我们都给你撑腰，给华人争口气！"显然他也忍受不了佐井的蛮横。颜思齐二话不说，把墙上的东洋刀取了下来，对佐井说："请便，来吧！"

这场决定颜记裁缝铺能否生存、涉及平户闽南人脸面与生存环境的全武行就在裁缝铺门外开演了。夕阳慷慨地把余晖洒在这条街上，人来人往的街道上聚集起一个不小的圆圈，圈里是两位持刀斗狠的勇士，一位是当地熟悉的宫本弟子，一位是来自遥远的中国闽南的裁缝师。一位是武士，一位是缝衣匠，这听起来有点滑稽的事，却实实在在在这里发生了。

厮杀刚一开始，佐井太郎就步步紧逼，砍、斩、撩、挑，一刀比一刀狠，可谓是步步惊心，欲把颜思齐往死里劈。颜思齐脑聪眼明，手脚利索，快捷腾跃退避，让过三刀之后，他跳到佐井右边，抱着刀柄说："我已先让你三刀，承让了！"而后腾空而起，跳起一人多高，一把弯刀从空中凌利而降，直指佐井右锁骨凹陷处。佐井吃了一惊，不懂这是什么把式,连忙往左一闪,说时迟那时快,就在刀尖将要落到肩上的一刹那,颜思齐把刀锋一转来个平抹,把佐井的宽沿阵笠顶端给削掉了一半,剩下的一半飞出几米开外。

"好,好刀法!"围观的民众喝起了采。杨天生他们几个喊得更起劲,这是在给思齐助威!

露出头髻、蓬头散发的佐井呈狼狈之相。他知道这是对手给他刀下留头,照这刀势力度所至,不要说一颗脑袋,连砍两个脑袋也不是个事。中国功夫了得呀!心一怯,手中的刀法和步法就乱了套。颜思齐掌握了中国南少林的刀法,融合五祖拳精髓,强调眼快手捷,以迅雷不及掩耳的速度靠近对手,由此达到"兵短入长"的目的。把"刀走黑"的技法发挥到了极致——刀法快疾、狠辣,左右跳跃,奇诈诡秘,人莫能测。

话说回来,在削去佐井的阵笠之后,颜思齐左脚刚一落地,右脚就顺势从后面来个有力的扫堂腿,竟把佐井生生地面朝天扫倒在地,同时,右脚重重地踩上了佐井的胸膛,而手中刀尖则快速抵到了他的喉结上。周围观看的人群再次发出了欢呼声,闽南的兄弟们还真给看呆了——从来没见过这么精彩的刀法和身手!

思齐脚下的佐井已然无法动弹,他闭上了眼睛,感觉到喉咙上冰冷的刀尖,等待着最后的归宿——现在,对手可以不用费力地一刀了结他的性命。

令围观的人们意想不到的是,颜思齐扔掉了手中的刀,挪开了踏在佐井胸口上的脚,扶起了躺在地上的佐井,笑着说:"多有冒犯,请多包涵。"

站起来的佐井羞愧难当,他猛然举起了弯刀,朝着自己的腹部刺去——按照武士的规矩,输家即使赢家不杀,必须切腹自尽,以维持武士的光荣。说时迟,那时快,只见颜思齐伸手抓住佐井弯刀,死死地攥住那锋利的刀刃，鲜血汩汩地从他的手指缝中流出。天生等弟兄们见状急忙围了过来，七手八脚地把刀从佐井手中掰了下来，并急忙撕下衬衣给思齐包扎手掌上的伤口。

佐井行武士单脚跪下，叩谢思齐决斗中三次不杀之恩，并当场拜颜思齐为师傅，从此跟随颜思齐左右。这事一时在平户传为佳话。

三、汇入了"倒幕"潮流

幕府税署盘剥 从日本元和六年（即中国明朝泰昌元年，公元1620年）开始，日本社会进入动荡时期。当时日本处在德川幕府第三代将军德川家光的专制统治下，百姓十分贫穷。农民除了交纳地租外，还要为领主做各种苦役，没有人身的自由。各地设立的税官巧立名目，苛捐杂税，克剥百姓，农民不满幕府封建专制的统治，各地反对德川幕府的斗争潜流汹涌澎湃。而以颜思齐为首的闽南籍平户侨民帮会已形成较大华商势力，可以对抗日本德川幕府的统治，寻求自己的利益诉求。

怒烧税署遭拘役 此时，随着中国籍商人大量涌入平户，平户地方当局也开始加重对中国商人的高税率盘剥。一天，一艘中国商船因为在长崎口岸已经缴纳了入关税金，到平户上岸时又遭税卡扣住，又要再缴一次税费。船主与之理论，但税务官不但不听，反而将货物扣押，于是发生了冲突。冲突中船主被日本税役打成重伤。颜思齐因对与佐井太郎的决斗一事的妥善处置，使他在长崎平户的华人团体中的威望迅速攀升，成为这一地区的华商领袖。当兄弟们告诉他闽南船主被税吏打伤的事之后，为朋友两肋插刀的性格使之挺身而出，他率领杨天生等一班兄弟，连夜赶到港口税署说理，要求税官发还被扣货物，赔偿被打伤者的药费。税务官根本不把这群华人看在眼里，不仅不放还货物，赔偿药费，还蛮横地说:"这里是日本国,我说了算数。"看看理说不通,颜思齐一时性起,大喝一声"打!"众兄弟凭着一身功夫,赤手空拳就把那些税务官打得鼻青脸肿,还顺势放了一把火将平户税署给烧了。

　　这事的发生与几年前的月港似有异曲同工之处,也许这就是颜思齐的性格所致。颜思齐他们焚烧平户税署事件,当时不过只是想促使平户当局能够引起重视,减轻赋税,改善平户中国商户的生活窘境。这事在平户又引起了轰动,结果当然招来了牢狱之灾,作为对带头人的惩罚,颜思齐被平户当局判了一年拘禁,还被罚了1000两银子罚金。幸好郑一官(芝龙)的岳父翁笠皇(在县衙任事)疏通了关节,在关押3个月之后释放出来。

　　此事的发生预示着颜思齐的平户海商集团和平户地方幕府之间的冲突已经无法避免。

图3-2　颜思齐在平户组织的起义队伍(漳州市博物馆提供)

谋划"倒幕"大计　时势有时却并不以人的意志为转移。清代同安

第三章 长崎的闽商头领

籍学者江日升所撰《台湾外志》记载，颜思齐起初只专心于做裁缝手艺以谋生，后来因李旦的劝告转而海上经商，再后来因结识晋江船主杨天生，颜思齐的人生轨迹又一次发生改变。

> 思齐与天生交往最好，天生算法精敏，最熟大刀，且语言便捷，桀黠多智。一日，偶共饮，微酣，思齐叹曰：人生如朝露耳，若不能扬眉吐气，虚度岁月，羞作肮脏丈夫。
> 天生曰：舜，何人也？余，何人也？有志者亦若是。长兄有此雄略，何愁久困？以余度之，此地可图。
> 思齐叹曰：吾亦有心久矣，其奈力微何！
> 天生曰：先以得人为要。弟当以三寸不烂舌，鼓励各船之杰者，尊吾兄为盟主，结义金兰，然后徐徐说之，则事可成矣。①

于是，就有了前面所述之各船户 28 位才俊的金兰结拜。自此之后，杨天生经常在兄弟集会时鼓动说事：

> 每用言语挑动诸人，说日本地方广阔，上通辽阳、北直，下达闽、粤、交趾，真鱼米之所。若得占据，足以自霸。陈衷纪、陈勋、张弘、洪升、高贯五人咸动心，向振泉（思齐字）谋曰：天生所言诚是，大哥不可失此机会。振泉曰：公等如儿戏，然夺人之国，岂尔我数人而可？洪升曰：非此之谓，未知大哥如何？大哥意若决，则吾会中诸人，立呼可就，毋烦周折。其余当徐徐诱之，则大事可成矣。振泉曰：事当密秘，观人而言。倘一造次，性命攸关。②

---

① （清）江日升撰，刘文泰等点校：《台湾外志》，齐鲁书社，2004年版，第4页。
② （清）江日升撰，刘文泰等点校：《台湾外志》，齐鲁书社，2004年版，第5页。

在杨天生的鼓动之下，众位兄弟的满腔热血和志气被调动了起来，踌躇满志地需要领头人颜思齐给他们予以支持。

在这样的氛围中，生性豪爽侠义的颜思齐当然不会去浇灭弟兄们的满腔热血，经过3个月牢狱日子的煎熬，此时他内心想的不仅是出一口遭受平户当局欺负的恶气，还有更深一层的想法：我国东南沿海经常遭受倭患之害，如果这事能够成功，至少可以减少平户一地倭寇对我国沿海的倭害，这未必不是一件利国利家的事。因为，在平户码头，他愤怒地屡屡看到满满装载着从我国沿海抢掠货物而回的倭船。只是作为起事的领头人，他深感责任重大，需要好好计划，做好各项准备，同时叮嘱各位弟兄要严格保守秘密，特别是对郑芝龙、李英等已有本地眷属的兄弟更是再三交代：绝不可向内人透露这件大事。这是明朝天启元年（1621）五月的事。

于是，颜思齐与杨天生、陈衷纪一起制定起义计划，招兵买马，派人购置武器，进行起义准备工作，所有船只柴米蔬菜，加倍配足，停放在离港口远一点的海上，以使倭人不疑。船中军器炮火，由两位兄弟调度购齐，杨天生负责总谋划，对举事时各人任务进行安排：

中路统众并上攻将军衙者衷纪，西路夺炮台领人钉炮者子大（张弘），抢入东炮台督人扭转炮车放炮者俊臣，由东南率众喊杀者庄桂，陈勋从西北角抄入，放火喊杀。大哥（思齐）与一官领一队沿海接应，小弟（天生自谓）与李英统人分路接应。其调度各船杉板预备者杨经，派定在单。……八月初四日各船悉放落港心，整顿收拾，静候十五日举事。①

功败垂成再逃亡　从以上部署可以看到，各项准备工作在紧锣密鼓

---

① （清）江日升撰，刘文泰等点校：《台湾外志》，齐鲁书社，2004年版，第9页。

第三章　长崎的闽商头领

地进行着，并决定了起义时间：八月十五日上午。但人算不如天算，没想到功败垂成。

八月十三日是兄弟杨经生日，因各项准备工作已基本就绪，杨经在住处备了酒席，请兄弟们聚集喝酒庆祝生日。李英一高兴就喝醉了：

乘醉而归，倭妇王氏接入，殷勤服侍，于情浓之际，英将十五日欲併国王事悉吐露焉。王氏曰："炮台兵许多，炮又大，如何做得？"英大笑曰："你真痴妇！我们这些唐船（当时日本称中国来的船为唐船，称中国来的人为唐人）就多少人，又旧唐（以前就居住日本的唐人）多少人，合做几路，放火的放火，占炮台的占炮台。几个倭兵，何足介意！但你勿惊慌"。英昏昏睡去。至天明，英忘却醉后语。①

第二天早上，惶恐的内人王氏向弟弟王六平讲了此事，要他帮忙拿主意。王六平即向地方官府报告了此事。

因事体重大，幕府即派人缉捕。幸好郑一官的丈人翁笠皇当天上午正好在衙门当班，得此消息，马上飞跑回家告知郑一官。郑一官不敢怠慢，当即告诉颜思齐。颜思齐沉着应对，立刻通知28位结拜兄弟（徒弟佐井住在郊区比较远，来不及通知了），并分头通知参加起义的闽南籍乡亲，指挥众兄弟杀开一条血路，率领举事的二百多名漳泉籍人士分乘13艘帆船下海逃亡，"兼之落潮，风又微顺，各船亦悉转头，坐潮缓缓而行。虽岸上炮声不断，却无坏船"。②

就这样，颜思齐率领这支原本准备用来攻打平户幕府的十三艘大船，在岸上火炮的"欢送"声中平安驶出了港口，他们在平户多年积累下来的万贯家财和基础实力，一夜之间全都没了。颜思齐再次踏上了逃亡之

---

① （清）江日升撰，刘文泰等点校：《台湾外志》，齐鲁书社，2004年版，第9页。
② （清）江日升撰，刘文泰等点校：《台湾外志》，齐鲁书社，2004年版，第11页。

路。当然,这次他不是一个人爬船逃跑,手下还跟着二十八位兄弟和二三百号人马。颜思齐的主船殿后,在船尾,他恋恋不舍回头凝望着住了八年的平户岛,在视野中逐渐后退、缩小、淡出。这年,他三十二岁。

茫茫大海,颜思齐的命运之舟又将驶向何方?

四、冥冥中邂逅"东番"

南行船中重要决策 船队经过几个小时的南下行驶,来到一处无人小岛湾畔,确认后面已无追兵之后,颜思齐的主船放出号炮,请各船落锚停泊于此,各船铺好连接主船的木板,兄弟们上主船坐定,商量往何处开驶等事。思齐问起因何泄露举事事由:

"只差一日,就得成事,莫非天意?若不是一官通知,几乎遭难。此亦列位福气,但不知(当局)何由得知?"

一官答曰:"是我丈人今早往衙署找杨复结账,遇王六平(李英妻舅)出首,说是英兄酒后漏言,杨复着我丈人且回,就去秉王。我丈人飞跑来家叫我快走,因此报与齐兄。大家分头通报,因而得脱。"

思齐问英曰:"汝昨晚如何与弟妇说?"

英曰:"醉了,亦都不知说甚么话。"

昊卿曰:"醉后失言,往往有之。今悔莫及,且速商量退步为是。"

思齐曰:"依我之见,不如暂到舟山,再作商量。"

衷纪曰:"舟山何用?若到舟山,人都散了。人散则孤立,难以济事。依小弟管见,将此十三只船匀配约束,乘此秋风,直驶东番安顿。"天生曰:"此言有理。"各位亦赞成此说法。思齐曰:"就依尔等之言,放洋东番。"

于是八月十五日天明,思齐主船三声炮响,各船鱼贯随行,放洋

第三章 长崎的闽商头领

南下。①

　　陈衷纪绝非寻常之辈,他的话反映出这位海澄籍商界精英有着深远的战略眼光与开拓海外的雄心。清代江日升的《台湾外志》没有说明这次兄弟聚会研究后续行动计划的重要性,但笔者认为:这不仅是决定这二三百人后来命运的会议,而且无疑是一次决定台湾命运的重要会议,正是由于在这次会议上陈衷纪提出了"直驶东番(后称台湾)"的动议,而颜思齐在负责李旦的台湾贸易商业活动中多多少少对"东番"亦有所接触和了解,那是一座尚待开发的岛屿,或许可以在那里获得新的发展机遇。因此,陈衷纪的提议得到了颜思齐的肯定和采纳,这才有了后面拉开台湾大开发序幕,开始了在台湾开发史上具有里程碑意义的壮举。

　　台北人颜嘉德在《颜思齐开拓台湾史略》一书中则这样叙述陈衷纪的话以及登陆台湾的地点:

　　陈衷纪说:吾闻东番为海上荒岛,势控东南,地肥饶可霸。颜思齐采纳了他的意见,决定进军东番,他们航行了八个昼夜,于八月二十三日抵达东番中部偏南的港口,叫笨港。②

直驶东番,登陆笨港　就这样,颜思齐率领十三艘船共二三百人的船队,经过八昼夜的航行,于农历八月二十三日在东番西南海岸的笨港溪出海口的水灿林(今云林县水林乡)登陆。

　　不安分的裁缝匠兼海商(时被称"海寇")颜思齐,就这样阴差阳错地到达了当时尚处开发前夜的祖国宝岛。一个充满危险、未知与机会的

---

① (清)江日升撰,刘文泰等点校:《台湾外志》,齐鲁书社,2004年版,第12页。
② 颜嘉德:《颜思齐开拓台湾史略》,台北,2015年版,第99页。

新世界正在向颜思齐敞开大门。

　　接下来，他又会做出怎样的行动呢？

第四章　拉开拓垦"东番"序幕

本章提要： 冥冥中命运安排他与"东番"（今台湾）的邂逅，他随遇而安，肥沃而广袤的原野使他产生开发宝岛"东番"的梦想。于是，他把梦想付诸实施，实行优惠措施，首次组织闽南民间大规模开发宝岛的壮举，由此拉开了东番大开发的序幕，奠定了后来郑成功驱逐荷兰殖民统治者与台湾发展繁荣的重要基石，成为连横《台湾通史·列传一》篇章中的首位开台先贤，从而成就了他"开台第一人"、被誉为"开台王"的崇高地位。

一、从笨港溪登陆"东番"

颜思齐率领的这支起义未成的队伍对将要到达的这个岛屿不是很熟悉，他不知道的是，这个岛屿不仅土地肥美、气候宜人、物产丰富，还是在海上商业贸易上有着重要价值的宝地——西面离大陆近，北边离日本不远，南下到南洋各国也很方便。台湾地处在东西洋贸易的航道枢纽中心位置，机会正等待着真正有准备的拓荒者。虽然宋元两朝中央政府已前后两次派兵驻守平（澎）湖，分管"东番"，元明两季都在澎湖设过巡检司，也都管辖到这片土地，但毕竟隔着大海，中央政府的政令在此是鞭长莫及。

颜思齐虽然曾经负责李旦商团的台湾贸易，却大多在淡水鸡笼（即后来的基隆）一带海边与平埔人进行以物易物（如日用物品换回鹿皮、鹿肉、鹿茸之类土特产品）的简单交易，与在"东番"西部沿海渔耕的零星汉人做过生意，并无深入岛上内地，当然更不了解这座岛屿在东西洋贸易中的重要地理价值。

登陆笨港时，呈现在这群冒险家眼前的只是笨港溪两岸的沃野千里和荆棘遍地。这里土地肥沃，长满一人多高的水漆草，绿茸茸葳蕤蕤的一片望不到边（当地人称之为水漆林），底下是黑油油的土地，这么好的土地却还没有开发，对于来自闽南传统农耕地区的人士而言，感觉是在暴殄天物，于是颜思齐就与兄弟们商量，决定在这里安营扎寨，耕猎垦殖，兼做海上贸易。

在说颜思齐开发台湾活动之前，得先说说他率领的这支队伍登陆地笨港的情况。

笨港是当地平埔人称北港的谐音，它位于今天台湾云林与嘉义两县交界处的笨港溪（今称北港溪）出海口。笨港溪发源于诸罗山脉（中央山脉西南麓一条支脉），上游由山叠溪和石龟溪两条支流汇合而成。颜思齐到达的时候，除了笨港溪两岸丰衍的水漆草甸之外，在这个出海口，大部分的土地是潟湖、沙洲、沼泽与滩涂。当年颜思齐登陆之处的水漆林，就是今天的水林乡。那时水林乡因遍长水漆草（一种水生植物，叶有茸毛，触人皮肤会红肿发痒，当地俗称"咬人狗"）而得名。经过颜思齐、郑芝龙、郑成功等一代代拓荒者的努力，这片荒野终于开发成为良田万畮。这些情况从当地耆老的口述历史及明清时期外国人所绘制的台湾西部地图中皆能得到印证，当时这片土地是平埔人（洪雅人南社）的生活与活动范围，海边亦有闽南过来的少量汉人与捕鱼而来补充淡水和食物的渔民。直至明朝天启年间，颜思齐率众开垦，在水林、北港设十个寮寨，水林、北港才有比较成规模的汉人长期居住。[①]到康熙年间，这片土地上已有当年颜思齐所创建的10个寮寨和外围9个村庄，称"水灿（漆）林庄"（闽南话"漆"与"灿"谐音），归诸罗县管辖。朱一贵之役后，诸罗县改嘉义县，水灿林庄的范围改隶属嘉义县辖。光绪十三年（1887），台湾建省后，从嘉义县划出一片土地（以北港溪——原笨港溪为界）增设云林县，北港水漆林（1920年水灿林改名水林庄，台湾光复后升格为水林乡）大部分村庄归属云林县，北港溪南面的村庄仍属嘉义县辖。这一行政区划延续至今。

图4-1 笨港溪——今日云林、嘉义两县分界的北港溪（作者摄）

二、建村寨开发笨港

以心交心睦"番社" 话说回来，当时登陆笨港的颜思齐一帮人，看到这一片肥沃广袤的荒原，萌发了立足宝岛干一番事业的想法。但想在

---

① 蔡智明：《水林思齐》，云林县政府文化局，2014年版。

这样荒野之地生存下来并不容易，随身带来的粮食所剩无几，风餐露宿，伐木建屋的兄弟们面临饥饿的煎熬。好在当时这里野鹿很多，可以上山去打猎，但颜思齐他们马上面临着一个棘手的难题。

这支汉人队伍的到来，引起了当地居民平埔洪雅人"番社"的疑忌和恐慌，稍有不慎就会发生冲突，引发攻击。颜思齐十分清醒，这二三百人的开垦队伍要在这片土地上立足，保证垦殖事业的顺利开展，必须妥善处理与台湾少数民族的关系，与之建立良好关系。所以，颜思齐赶快带领天生、衷纪、芝龙等能说会道的兄弟携带酒肉以及礼品拜访"番社"酋长，与其进行谈判，诚恳说明不会侵占其已开发的土地，取得"番社"酋长的理解。颜思齐的豪爽性格和过人的武功很快征服了"番社"酋长，同意划地而居，和睦相处。颜思齐还派出部下，教"番社"居民掌握牛耕农业生产技术，送给他们从日本带来的布、瓷器、首饰等一些生活日用品，融洽了汉"番"关系，"番社"酋长感受到这批汉人的善意，作为回报，派出人来协助颜思齐搭建寮寨，还回赠其自酿的"姑玳酒"。此后，"番社"每逢祭典或喜庆节日，还常邀请颜思齐28位兄弟去当贵宾，款待以美酒美食，宾主无不畅饮尽欢。其中，具有吹弹歌舞才能和语言天赋的郑芝龙还很快学会了"番社"语言和庆祝丰收的"丰年歌"：

嘛然铃嘛什劳林，蛮南无假思毛者；宇烈然屿沙华嘎，嘛什喵然嘛什什（歌词意思是：今年碰到丰年大收成，邀约全社的人，都要酿造美酒；大家一齐来赛戏，但愿明年和今年一样丰收。）

郑芝龙把这首歌教给兄弟们和其他垦民，在祭奠上和宴会上都能与"番社"人一起歌唱，所以"番社"把这些汉人垦民当成知心朋友，亲密无间,促进了农业开发的顺利进展。①

建寮寨奠垦殖之基 双方关系融洽之后,颜思齐便开始谋划开发这片荒岛的大业,他率领大家沿笨港溪沿岸(今云林县北港镇与水林乡一带)踏勘地点,砍木割茅,建造茅屋,辟置10个寮寨,这10个寮寨按照职能的不同分别称为:主寨、前寨、后寨、左寨、右寨、海防寨、粮草寨、哨船寨、抚番寨、北寨。他把带来的二三百人分别安置到10个寮寨中去,按照各寮寨划定的土地,发给银两和耕牛、农具等生产资料,大家齐心协力、共同开垦这片沃土。这10个寮寨就是台湾最早的汉人村落,其中有4个寮寨在今天的北港镇,6个在今天的水林乡。北港镇的4个寮寨是:

1. 前寨,即先锋营,由漳州南靖人李俊臣镇守。地点在今天的兴化店,村子已毁于洪水,位于今北港扶朝里旁的北港溪河床;

2. 哨船寨,即负责搜集海上形势情报的航队营,由泉州晋江人杨天生镇守,地址在今北港镇树脚里的船头埔;

3. 抚番寨,即安抚笨港之平埔"番社"的寮寨,由泉州南安人郑一官(即郑芝龙)镇守,地址在今北港镇府番里的府番;

4. 北寨,是后卫营兼防卫在附近海上游弋的海盗,由泉州惠安人张弘镇守,地址在今北港镇大北里的大北门,大北门往西都是一连串"番社"区域,如番仔厝、车巷口,这些寮寨本来是为防止附近"番社"少数民族的袭击而设立,继而是为防卫三年后(1624年)以"牛皮借地"欺骗忠厚纯朴的平埔人"番社"而窃据岛内的荷兰人。1624年9月,荷兰东印度公司的宋克率领荷兰武装船队来到台湾大员湾登陆,向当地的平埔人提出用15匹布料换取借用"一张牛皮大的地方"上岸休息,善良的平埔人信以为真,以为荷兰人所需地方不大,也就同意了。殖民者的

---

① 颜嘉德:《颜思齐开拓台湾史略》,台北,2015年编印,第94页。

"一张牛皮"有多大呢？他们竟然把一张牛皮撕成很细的皮线，连接起来圈地，这"一张牛皮大"的地竟然足够建一座城堡——"热兰遮城"（即台湾城，也就是今天台南的安平古堡），它成为荷兰驻台湾的"总督府"，是荷兰人建立在中国台湾的第一个侵略者据点。第二个据点是"赤嵌楼"。在修建热兰遮城的同时，又在台江对岸的赤嵌（今台南市）修建仓库、住宅、商业区，定名为普罗文查城，后改名为赤嵌楼。荷兰人就是这样用卑劣的欺骗手段逐渐非法占据了台湾。

为维护垦民安全，颜思齐规定荷兰人进行通商时，荷兰人的（商）船需由牛尿港沿牛挑湾（北港溪支流）进出。

水林乡境内的6个寮寨是：

1. 主寨（大本营，总指挥部），颜思齐亲自镇守，地址就在今水北村颜厝寮；

2. 左寨，护卫营，由泉州人王平镇守，地址在今水林乡土厝村的王厝寮；

3. 右寨，也是护卫营，由漳州海澄县人陈衷纪镇守，地址在今水林乡土厝村的陈厝寮；

4. 海防寨，即海口镇守营，由漳州南靖人李俊臣镇守，地址在今水林乡后寮村后寮埔；

5. 粮草寨，即屯粮处，在今土厝村的土间厝；

6. 后寨，即训练营，位于今水林乡水北后庄。[①]

为了方便读者一目了然了解当年颜思齐在笨港两岸建立的10个寮寨的具体地点，现把这些寮寨的名称和今天的所在地列表如下：

[①]《云林县乡土史料——云林县耆老口述历史》，台湾省文献委员会采集组编印，1998年版，第753页。

表4-1　天启年间颜思齐率众在笨港溪两岸建置的10个寮寨地点及功能一览表

序号	10个寨名	所属乡镇	所属村里	小地名	各寨主要作用
1	主寨	云林县水林乡	水北村	颜厝寮	大本营、总指挥部
2	左寨	云林县水林乡	土厝村	王厝寮	左翼营防
3	右寨	云林县水林乡	土厝村	陈厝寮	右翼营防
4	粮草寨	云林县水林乡	土厝村	土间厝	囤积粮草
5	海防寨	云林县水林乡	后寮村	后寮埔	海口镇守防卫
6	后寨	云林县水林乡	水北后庄	今已散庄	训练营地
7	前寨	云林县北港镇	溪水冲毁	兴化店	先锋营队
8	哨船寨	云林县北港镇	树脚里	船头埔	掌理消息打探传递
9	抚番寨	云林县北港镇	府番里	府番	安抚"番社"事宜
10	北寨	云林县北港镇	大北里	大北门	后卫营防

资料来源：《台湾文献》第42卷第2期，第334页。

　　从这10个寮寨的寨名和布局可以看出，颜思齐从日本带到笨港的二三百人是一队准备起义的武装部队，他的寮寨是从军事设防的角度严密部署的，当然也利于安排垦荒工作。

　　与此同时，颜思齐利用从日本驶来的13条大船，挑选有航海捕鱼经验的兄弟，西到澎湖列岛，北至琉球群岛及钓鱼岛海域捕鱼，东南到南海诸岛捕鱼，发展山海经营。开发活动需要大量的资金，所以颜思齐继续开展与李旦的海上贸易合作，并发挥善于商业贸易的杨天生、陈衷纪等兄弟的长处，积极发展海上商业活动，以弥补垦殖资金和生活用品的不足。

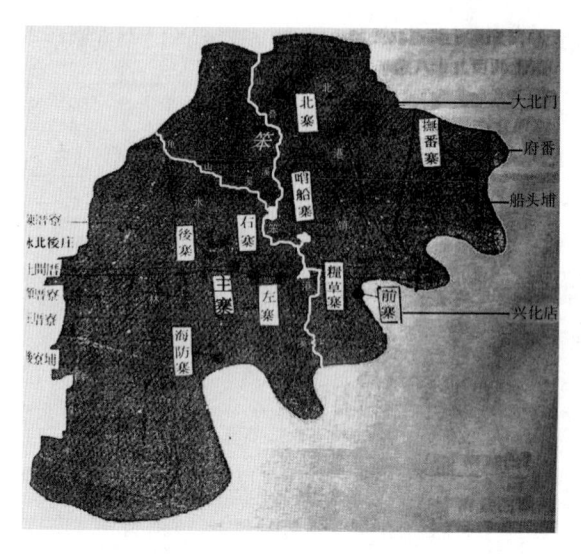

图 4-2　颜思齐登陆笨港后在笨港溪沿岸创建的十个寮寨位置示意图
（《台湾文献》第 42 卷第 2 期，第 334 页。）

李旦获知颜思齐率领众兄弟到了"东番"垦殖，就将他的海上贸易活动扩展到了台湾，甚至有一阵子就在台湾居住，其住处就在颜思齐开拓的笨港主寨。

地广人稀回乡招募垦民　颜思齐感到，要开发这片广袤的土地，仅靠二三百人是远远不够的。于是，颜思齐派杨天生、李俊臣等人返回漳泉故里招募愿赴"东番"垦殖的乡亲，并采取优惠办法：愿意到"东番"者每人给银二两，三口之家一起去的另给一头牛助耕。此次招募大获成功，共有三千多漳泉籍乡亲到台湾开垦。这次招募活动漳州府主要涉及龙溪、海澄（今龙海区）、芗城、漳浦、云霄和南靖等沿海县份，见之今志乘史料的零星记载的有如下几处：

颜思齐的祖家漳州海澄县的青礁村有一批贫苦农民踊跃应募、投奔在台南当开台领袖的同乡颜思齐。现任世界颜氏宗亲会总会秘书长颜山佑先生认为：今天台南下营为台湾颜姓聚居地，他们的远祖是由福建漳州的青礁（从明代至 20 世纪 50 年代中期均属漳州海澄县辖，从 1958 年起与海沧一起划归厦门市管辖）来的，属于青礁的颜氏慥公衍派，跟开台王颜思齐的原籍和出生的支派都一样，所以他们是明末颜思齐来漳招募人员时移台的。因此，至今每年清明节左右，都有颜氏宗亲不辞辛苦地前往诸罗山三界埔尖颜思齐墓地扫墓。当然，这是后话。

南靖县"颜思齐郑芝龙的结盟兄弟李俊臣在明天启四年（1624）去台湾，随之而去的有123人"。[①]

明末南靖人移台有148人，其中有龙山吴氏，奎洋霞峰林氏、庄氏，和溪徐氏等。[②]

云霄族谱记载明天启年间迁台的有：黄氏第一百三十三世燕箕公第四子黄翼昌移台柳仔林开基；云阳方氏族众若干人移居台湾观音里，即今高雄仁武乡赤山仔庄，在这里招佃垦耕，后裔分布于宜兰、桃园等地；西林村张姓支系第十四世莱埔村人张伴仔、泮坑人张三迁台。[③]

在这次招募活动中，泉州地区亦有许多乡亲应募赴台，其中有在后来郑成功收复台湾的决策和实施之中起决定性作用（绘制荷兰人在台湾武装部署地图以及登陆台湾的航道送给郑成功）的南安人何斌，还有在1652年举行大规模反抗荷兰殖民统治的领袖、同安人郭怀一，以及郑芝龙的弟弟芝虎、芝豹等。

颜思齐所招募的这3000多乡亲有一小部分安置到10个寮寨去，另外的大部分沿着笨港溪两岸向南延伸，进行农业垦荒活动，组织大家种植水稻、甘蔗和果树等，在这里陆续拓垦出了9个村庄，这就是"外九庄"。据台湾《云林县采访册》记载，"外九庄"范围从今台南市盐水港以北，至嘉义县新港、云林县北港一带。具体指大奎壁（今台南市盐水区市街）、井水港（今盐水区井水里）、下茄苳（今台南市后壁区嘉苳里）、鹿仔草

[①] 林嘉书：《南靖与台湾》，华星出版社，1993年版，第15—16页。
[②] 南清县地方志编纂委员会编：《南靖县志》，方志出版社，1997年版，第1138页。
[③] 福建省云霄县地方志编纂委员会编：《云霄县志》，方志出版社，1999年版，第1174页。

（今嘉义县鹿草乡鹿草、西井、鹿东三村）、龟佛山（今鹿草乡竹山村龟佛山）、南势竹（今嘉义县义竹乡南竹村南势竹或朴子市南竹里南势竹）、龟仔港（今嘉义县朴子市顺安里）、大小槺榔（今朴子市太葛、大乡、仁和三里）、大坵田（今朴子市崁后、竹村里或布袋镇见龙里内里）等9个村落。①

为方便管理这支庞大的垦荒队伍，颜思齐在各村寨设庄主寨主，建立庄寨管理制度；又在主寨（笨港东南面）平野进行基本设施建设，建成井字形的街道分九区安置众人，中区筑的大台楼为垦殖活动的管理机构，后人称为"开台王府"。他们还在台楼旁边凿了一口七角形的大水井，用回家乡招募乡亲来"东番"，压舱带来的红块砖作为井壁，以供垦民饮用，这口大古井今天犹存。

笔者认为，颜思齐回闽南招募三千多垦民赴"东番"垦殖，这是台湾开发史上了不起的滥觞之举，也是大陆首次由民间组织的大规模招募民众进入台湾开发活动，由此拉开了台湾大规模开发的序幕！

三、染瘟疫惜英年早逝

颜思齐他们进入台湾是想施展抱负，干一番事业。但处于开发时期的台湾处处充满艰难和危险，它远比人们想象的要困难得多。当时摆在颜思齐垦荒队伍面前的有多种难以克服的困难与危险。比如"番害"问题，这是每支垦荒队伍都会遇到的危险，当时居住于山中的一些少数民族同胞认为汉人"侵占"了他们的土地，威胁到他们的生存，于是经常在秋收之后出山"出草"猎人头，就是杀取汉人头颅以之祭神，以求得

---

① 综合如下资料：1.颜水荣：《颜思齐在台湾的聚居处与安息地》，载厦门市姓氏源流研究会编印：《浩气长存诸罗山——两岸颜思齐开台研讨文集》，2012年版；2.涂志伟：《颜思齐开拓台湾形成的聚落地名》，载涂志伟：《台湾涉漳旧地名与聚落开发》，厦门大学出版社，2012年版。3.(清)倪赞元纂辑：《云林县采访册》，台湾省文献委员会采集组编印，1998年版。

神明保佑明年好年成。这种习俗一直伴随着垦荒者的脚步而存在。康熙六十年（1721），台湾发生朱一贵事件，朝廷派南澳总兵、漳浦籍蓝廷珍入台平息此事件，蓝廷珍邀请其族亲、学问渊博的蓝鼎元当幕僚同行，蓝鼎元在台湾期间，对台湾进行全面考察，了解到还有许多"番社"未融入文明社会，不服官府管理，并以其"出草猎人头"的"番害"阻碍着农业垦殖事业的进一步发展。而官府对他们则很头痛，是"抚之不易，剿之不忍"[①]。这一习俗沿袭到嘉庆年间，同安人王世杰在开发新竹过程中，也还就是在巡察水圳时，死于这种"番害"，以致族人安葬他时，都要铸一个铜脑袋安放上去。

当时的颜思齐是深深了解"番社"的习俗，所以他一到笨港登陆，就马上妥善处理与"番社"的关系，他带领陈衷纪、杨天生、郑芝龙等兄弟，携牛酒及许多日用品前往诸罗山"番社"，把礼品分送酋长与"番民"，说明一定不会伤损"番社"的利益，在一来二往之后，这里的酋长喜欢上这位待人热情、真诚而又豪爽的垦荒队伍头领及他的兄弟们，双方结成了好朋友。所以，一遇"番社"节日，都要邀请颜思齐他们上山欢聚畅饮。这样，使得这支垦殖大军就避免了垦荒过程中那些骇人的"番害"。但垦殖过程中还有其他种种危险无时不与垦民同在。比如夏秋两季的猛烈台风和所带来的暴雨，引发山洪暴发、泥石流等次生灾害，还有频繁的地震等自然灾害，都可以瞬间吞没几个村庄，尤其是垦民所在的溪流沿岸和山区的村子更是这些灾害侵袭的目标。这些自然灾害直至今天，仍然严重影响台湾同胞生产生活，更不用说当年的严重情况了。

此外，垦民除了需要面对上述种种灾害的威胁之外，还要面对疾病的困扰。古时台湾是一个瘴疠肆虐之地。今人已很难理解台湾开辟之初的恶劣环境：湿热多雨的气候，数百里不见天日的原始森林，蚊虫如雨，

---

① （清）蓝鼎元：《鹿洲全集》（下），厦门大学出版社，1995年版，第571页。

使台湾成为热带传染病的温床，只要被毒蚊叮上一口，就有可能会有性命之虞。陈培桂《淡水厅志》称："瘟疫时作，移民入垦，罹难而死者，不知凡几。"仕台官员也不能幸免，陈文达编纂的《凤山县志》就说出了这一情况，该志《规制志·衙署》云："淡水巡检司署：原在下淡水东港；水土毒恶，历任皆卒于官，甚至阖家无一生还。"1864年清廷在东港设置下淡水巡检司署以后，最早的十任巡检，除了第五任沈翔升告老还乡、第十任冯吉"以忧去"外，其余八任巡检均因疾病大肆流行死于任内。有俸禄、生活优裕的官员尚且如此，更何况是平民百姓？明末郑成功幕僚阮旻锡（1627—1712）所著《海上见闻录·卷二》记载：

初至，水土不服，疫疠大作，病者十之八九，死者甚多。

此外入台垦民还要面对地震、台风等频繁的自然灾害，因此大陆群众到台湾真正能活下来留下来的不多，10个去台湾的垦民，有"三死一生六回头（回大陆）"的说法。所以尽管当时台湾是"赚钱淹脚目"的地方，还是被视为畏途。

不管怎样，入台拓垦的颜思齐他们还是克服了许许多多困难，促使垦殖工作和海上贸易不断发展，农业生产的好收成和海上贸易的丰富回报使他们颇有成就感，而且还有越来越多的乡亲渡过海峡投奔他们。

日子就这样在忙忙碌碌中一眨眼过去了四年，厄运也最后一次在悄悄降临这位垦荒队伍的领头人。天启五年（1625）秋，诸罗山"番社"那年又迎来丰收年，秋收结束后的农历九月，酋长特邀请颜思齐率其兄弟赴诸罗山上参加丰年祭大典，颜思齐率部众携礼品一起赴宴。因为一连几天的暴饮暴食，特别是豪爽的颜思齐，总是被热情的"番民"敬最多的酒，他虽海量，也支持不住，加上秋天住在高山晚上气候寒冷，毒蚊

第四章 拉开拓垦"东番"序幕

又多,回到主寨之后,很多人感到不适,颜思齐的病况最为严重,而且很快恶化,药石罔效,数日后英年早逝,年仅 36 岁。临终,他召集众兄弟说:

不佞与公等共事未几,本期建立功业,扬中国声名,今壮志未遂,中道夭折,公等其继起。①

颜思齐临终前的话,清楚地流露出这位缝纫师出身的开台领袖"扬中国声名"之宏伟抱负。

关于颜思齐去世的具体时间,明天启四年至五年荷据期间荷兰东印度公司台湾长官宋克向巴达维亚总督的书信报告中多次提到有关颜思齐的事迹,证实颜思齐逝世时间是在"1625 年 10 月 23 日"。荷兰人记载的时间是公元纪年,10 月是农历九月,与《台湾通史》记载的年月份吻合。②

出师未捷身先殒,长使英雄泪满襟。颜思齐去世后,遗体就安葬在嘉义市水上乡与中埔乡交界处的诸罗山三界埔尖山顶。墓碑上没有刻文字,只有一道剑痕,民间传说,当年郑成功曾到这里祭拜其父之故交,并在墓碑上画一道剑痕为记,有意重修墓地,无奈不久病逝,修墓之事不了了之。后来,人们在其陵墓前立起一座石碑,碑记记载了这位开台先贤的简单生平:

---

① 连横:《台湾通史》,九州出版社,2008 年版,第 442 页。
② 郭辉译,王诗琅、王世庆校订:《巴达维亚城日记》第一册之"日记",台湾省文献委员会,1970 年版。

图 4-3 水林乡三界埔尖山颜思齐陵墓（作者摄）

颜公字振泉，海澄人，赋性任侠，雄伟过人，因避仇远渡日本，天启元年窥德川幕府，密谋倒幕，事泄渡海来台，郑芝龙附之入笨港，筑寨、练兵、抚番、垦荒、横行闽海，归附者三千余人，歃血同盟者廿八士，在伺机再举，奈天不假年，于天启五年赉志，以后葬于三界埔尖山。

该墓1953年被列为台湾省古迹，1975年被嘉义县政府定为三级文化古迹，2006年评定为二级文化古迹。

图 4-4　颜思齐墓前铭文碑（作者摄）

墓的右侧是 1948 年 4 月嘉义市前市长宓汝卓题写的《颜思齐墓亭记》：

众推芝龙为首，而葬思齐于诸罗山三界埔之尖山，即立石处也。芝龙即领思齐众，违思齐遗志，假思齐名纵横海上为盗，旋又受明抚，率众返国，于是荷人乃得并有全岛矣。及延平（指郑成功）莅台向荷人索回先人故土，此故土因思齐所手拓也。季麒光蓉州文稿称思齐据北港（笨港）始称台湾，是台湾之今名，因思齐有经略台湾与日本之理想，初步筹划，惜天不假年，而延平则完成其经略台湾之遗志者也。然则思齐非海盗，实一热心慷慨冒险进取之士。数百年来史籍所载均指思齐为海盗，诬思齐实甚，用立石于其墓，略志思齐之生平，以正今后之视听。

墓亭记内容反映了台湾同胞对颜思齐开发台湾事功的高度肯定。该墓 1980 年被列为台湾二级文物古迹。

附录：

浅谈十七世纪初期
重要海商人物李旦与颜思齐之区别

作者按：鉴于颜思齐与同时代的李旦生平事迹过于相似，以致有些海内外学者包括写《台湾地方史》的陈碧笙、省文史馆馆员张宗洽，甚至日本学者延生成一（1900—1988）都认为"颜思齐与李旦是同一个人"，"是一个人两个名字"。又因为颜思齐在台湾开发史上的重要贡献，本人在研究颜思齐开发台湾课题时，深感这些问题必须厘清，以正本清源。所以，在2011年初本人以史料为据写了这篇文章，参加了当年在厦门举办的"海峡两岸首届开台王颜思齐与台湾开发活动学术研讨会"，以及2016年在漳州召开的"'一带一路'与海外华人国际学术研讨会"，笔者曾撰文《明代海商李旦与颜思齐》，于2012年发表在漳州师范学院（今闽南师范大学）《闽台文化交流》杂志上。全文如下：

十七世纪初期，在东南海上，活跃着许多著名海商，颜思齐和李旦是其中最具代表性人物。然而，在史界，对于颜思齐与李旦，却有两种不同的观点：一些人认为颜和李是同一个人，一些人则持相反的看法。笔者认为，这是牵涉台湾开发史源头和开发台湾重要历史人物的重大问题，也是牵涉我国海上丝绸之路、明末漳州海商及影响的问题，不可不厘清迷雾，正本清源。

●史料记载之李旦生平事迹

李旦，闽南泉州惠安人，生卒时间为1560—1625年。他与海澄人颜思齐、南安石井人郑芝龙同属十七世纪初期最著名的海商，是当时海内

第四章　拉开拓垦"东番"序幕

外势力最大影响也最大的海商首领。

李旦一生着力经营海外贸易，成效显著，16世纪末到17世纪初在菲律宾马尼拉经商时，就已是该地华人社区的首领。

1603年10月之后的数年里，占据菲律宾的西班牙殖民者对菲律宾华侨进行五次大屠杀，有二万四千多华侨被屠杀，其中有不少是泉州籍华侨。李旦因财富而遭殃，西班牙人寻找借口将他逮捕下狱，"没收了他所有的财产和货物，西班牙人没收他在菲律宾群岛的财产超过四万块金条"，并被罚在一艘船上服苦役。在参与1606年西班牙人征讨摩鹿加（摩洛哥）战役后被释放，于1607年投奔他在日本的结义兄弟欧华宁。之后移居日本长崎平户。

聪明的李旦吸取在菲律宾的惨痛教训，积极结交平户官场的头面人物，包括长崎奉行长（相当于市长）谷川权六、平户岛主法印镇信等。这使李旦在平户左右逢源，为他开展海上商务贸易提供了很好的环境条件。善于经营的他在岛上建置房屋，设立商号货栈，通贸海外，几年后，他又积累了巨额财产，成为日本最大的华人海商集团领袖。

万历四十三年（1615）以后，李旦的船只开始出入台湾，向前往台湾的福建商船收购丝绸等货物，最早开拓出了台湾的海上商贸业。其商船则往来日本、中国台湾、闽粤、越南、暹罗、巴达维亚（即印尼雅加达）一带，载运生丝等中国货物至日本贩卖，成为纵横东南亚一带最大的海上贸易巨商。

明天启五年（1625）七月三日，李旦为了处理与英国商馆的债务纠纷，乘船自台湾启程返回日本平户，于7月14日暴病逝世，享年65岁。

郑芝龙是李旦手下一名干练的管理人员，他对李旦以父事之。李旦把几艘船和大量财富交给他监管，委托他在交趾和柬埔寨经商，郑芝龙出色完成任务，给主人赚了厚利，并获得巨大的信任。不久，李旦将郑芝龙收为义子。李旦死后，他的巨额财富遗留给这个义子。可以说，李旦巨额财产为郑芝龙日后的迅速崛起奠定了雄厚的基础。

● **史料记载之颜思齐生平事迹**

颜思齐是漳州府海澄县海沧青礁村人，出生于明神宗万历十七年（1589），思齐自幼好学勤奋，练就了一身好武艺，还学会了一手裁缝好功夫，在县城月港以裁缝为生。

明代隆庆特许漳州月港开洋之后，海澄月港商机兴旺，它成为我国海外贸易的中心，市镇繁华，享有"小苏杭"之称。明王朝在月港设置"督饷馆"，征收对外贸易关税，税监的官宦高寀专横跋扈。万历四十年（1612）深秋，颜思齐因打抱不平，出拳打死了高寀仗势欺人衙役何海，闹出了人命，在官府派人缉捕之前，匆匆逃离月港，乘着来往于月港至日本的货船前往日本。

逃到日本的颜思齐在平户重操裁缝旧业。不久开始从事中日间的海上贸易，逐渐发达起来。他仗义疏财，深受旅日华人的拥戴，被任命为管理华人的甲螺（小头目）。当时日本处在德川幕府第三代将军德川家光的统治下，百姓十分贫穷。农民除了交纳地租外，还要为领主做各种苦役，没有人身的自由。农民不满幕府封建专制的统治，反抗斗争此起彼伏。

日本元和七年（即中国明朝天启元年，1621）六月，思齐与杨天生、陈衷纪、张弘、洪升、李英、郑芝龙、郭怀一等28人结为同盟兄弟，大家推举思齐为头领，期望做一番大事，建功立业。颜思齐提出加入日本推翻幕府统治的政治斗争的建议得到大家一致赞同。他们开始购买武器，招兵买马，进行起义准备工作，决定在八月十五日上午起义。但计划不慎泄露，幕府派人缉捕。幸好郑芝龙丈人在县衙任事的翁笠皇得到消息，马上告知郑芝龙、颜思齐等。颜思齐等兄弟立刻通知二三百参加起义的中国人,于十四日下午分乘13艘帆船逃离日本。

船队欲往何方,陈衷纪主张驶向台湾。他说:"吾闻东番(当时台湾之称)为海上荒岛,势控东西。地肥饶可霸。"颜思齐采纳了陈衷纪的建议,经过八昼夜的航行,于八月二十三日在台湾西南海岸的笨港溪水林后寮湾的土厝大排登陆。众人见到的是沃野千里却荆棘遍地,一片蛮荒。于是,思齐决定在这里耕猎垦殖,因人手不够,颜思齐派人返回漳泉故里招募三千多贫民到台湾开垦,思齐以诸罗山为根据地,建了十个寮寨安置他们,各寨设有寨主,建立寮寨管理制度。他组织大家种植水稻、甘蔗和果树等,并挑选了有航海经验的渔民,以原来十三艘帆船进行海上贸易,解决岛上生产和生活必需的物质和资金。又在笨港东南面平野,建成井字形的街道分九区成为首都。中区筑大台楼为管理机构,后人称为"开台王府"。

天启五年(1625)九月,思齐与部众一起到诸罗山上捕猎,回来时欢饮过度,感染风寒,医治无效于10月23日去世,年仅36岁。是年12月,大家推选郑芝龙为首领,继续开拓事业。

● **颜思齐和李旦完全不是同一个人**

李旦与颜思齐是否同一人有不同观点的争论,日本学者岩生成一认为,李旦和颜思齐是一个人所用的两个名字。厦门大学教授陈碧笙以"此两人出生地、活动区域、活动内容和方式、死亡时间及死后事业由郑芝龙继承等方面几乎完全相同,证之各书记载非颜即李,非李即颜,极少两名同时俱见之例",认定李旦与颜思齐为一人。省文史研究馆馆员张宗洽认为:"颜思齐其人是狡黠多智的郑芝龙为了洗刷他吞没李旦财产和丑名而虚构影捏的。"但著名历史学者傅衣凌对颜思齐与李旦是一个人深感怀疑。

笔者认为，从诸多史料和上述两个人的生平大事看，李旦与颜思齐确实有着许多惊人的相似之处，比如生活年代相同，都是闽南籍，都从事的海商航运业，与荷兰人打交道的许多记载相同，商贸活动的基地都在台湾和日本的平户，都是同一时期海商集团的首领，都有一位得力搭档郑芝龙，就连去世的时间也在同一年，等等。正是这么多的相似之处，容易使人产生"李、颜是一个人"的错觉。但绝对不能把同一时代许多有着相同经历甚至有相同生活和经商轨迹的人们合并为一个人。李旦和颜思齐是同一时期的两个不同历史人物。现归纳如下：

一是籍贯不同。李旦为泉州惠安人，《明实录·卷五十八》载"福建巡抚南居益天启五年四月戊寅题奏"云："今镇臣俞咨皋言，泉州人李旦，久在倭用事。"又据2002年由中国华侨出版社出版的12卷本大型工具书《华侨华人百科全书·人物卷》的日本华人人物有关李旦的词目和资料云："李旦，明末清初日本平户华侨贸易商。福建泉州人，曾在马尼拉经商，后到日本，居于平户，成为当地华裔领袖。"

而颜思齐则是漳州府的海澄县青礁村人。江日升《台湾外纪·卷一》载：颜思齐"福建海澄人，姓颜名思齐，字振泉……"颜慥是青礁村的开基祖，青礁村《颜氏族谱》显示："慥公二十世孙颜思齐……"记载颜思齐籍贯青礁和生平事迹的史料还有许多，如高拱乾编于康熙三十五年的《台湾府志》、康熙末年周元文编的《重修台湾府志》、朱仕玠写于乾隆年间的《海东纪胜》《清一统志·台湾府》《福建通志·台湾府》等，以及三界埔尖颜思齐墓前碑文、北港镇颜思齐拓台登陆纪念碑碑座铭文，等等。

二是经历不同。李旦最早开展海上经贸的地点是在菲律宾，是在受到占据菲律宾的西班牙殖民者对菲律宾华侨的迫害、没收巨额财产后才

第四章 拉开拓垦"东番"序幕

转到日本平户经商的,他的事业发祥地在菲律宾,而后才是在日本。他始终是一个成功的生意人。而颜思齐则是一个侠骨心肠的裁缝师,在家乡路遇不平拔刀相助的义举之后逃亡日本平户的,之后因在日本加入推翻幕府专制制度的起义,事泄逃亡台湾,他没有到过菲律宾。他与李旦都有雄霸海上的雄才大略,但其草根性因素更浓重一些。

三是事业的侧重点不同。李旦终其一生,所经营的海上商贸大业始终没有改变。而颜思齐也有海上商贸事业,但他更重要的贡献是对台湾垦殖事业。

四是他们与共同搭档郑芝龙的关系不同。郑芝龙是颜思齐的结拜兄弟,是颜思齐28位拜把兄弟中最小的一位。而郑芝龙则是李旦的义子。

五是去世的原因、时间和地点不同。李旦是为处理与英国商馆的债务纠纷,到平户11天即病亡的。颜思齐是率众到诸罗山(今台湾嘉义)狩猎染上伤寒而逝的,病逝时间都在天启五年(1625),但一个在7月,一个在10月,相差3个月,两个人去世时的年龄也不一样,颜思齐36岁,李旦65岁。从去世地点来说,李旦在日本平户,颜思齐在台湾笨港的主寨。

●李旦和颜思齐所建立的不同业绩

李旦和颜思齐都是十七世纪一二十年代的海上风云人物,他们所建树的事业、功绩和影响都各不相同。若就财富而言,李旦所拥有的船队和财富比颜思齐要多得多,若就对台湾开发的建树和影响而言,颜思齐则比李旦要大得多。

美国学者西格雷夫1995年出版的关于海外华人的著作《环太平洋领主,海外华人的无形帝国》一书讲到菲华历史上有一个叫李旦的传奇性人物,他拥有"金山"般的巨大财产,在菲律宾的西班牙殖民者中许多人欠他许多钱，作为一种重整债务的方式，在1603年他们挑起一场针对菲华的大屠杀，李旦被捕和判处在船上做苦工，西班牙人没收他在群岛的财产，包括超过四万块金条，据说这只是他财产的一小部分。因此，在1607年他从西班牙船上的苦役逃跑后，他把公司总部迁到日本平户和长崎，在那里他恢复他作为中国海的霸主角色。用现在的话来说，早在400多年前，李旦就已经在东南亚地区创办起了庞大的跨国公司，是这个庞大商贸帝国的"总裁"，其影响主要在于海上商贸领域。

颜思齐虽然在海上贸易方面也有所建树，但其重要影响和贡献则在于对台湾的开发上。他组织了有史以来第一次大陆移台垦殖活动，拉开台湾开发的序幕；他开发的笨港溪两岸广袤的土地，成为大陆汉民族继续开发的奠基石和发祥地。他们在带来家乡的农作物、农具及生活用品、先进农业生产技术的同时，也带来了家乡的语言、岁时风俗、宗教信仰等闽南文化，成为今天台湾主流文化的最早源头；他对台湾的开发还促使了"台湾"名称的开始叫起，为30多年后郑成功驱荷复台，继续开发台湾奠定了稳固基础。台湾同胞铭记颜思齐的拓台功绩，尊称他为"开台王"，他的开台事迹与尊称已编入台湾高中课本。这些情况说明：颜思齐开发台湾的影响极其重大而且深远。

结论：李旦与颜思齐是同一时代的两个不同历史人物，他们的建树和业绩各不相同。他们的共同点在于都是明末东南沿海的海商人物，而不同点则甚多，其中最大的不同点是：李旦是明代中后期的闻名中外的海商、经营庞大海上贸易集团的船王，是中国历史上杰出的航运家、华侨领袖；而颜思齐则是"大规模开发台湾第一人"，被台湾同胞誉为"开台王"，还因开发而开启了"台湾"的名称。他们在当时以自己的开拓精神以及所建立的不同的事业、重要的建树，对我国古代的"海上丝绸之路"的开拓与发展，对台湾的开发与发展予以了重大的影响，从而在古代中国的海外贸易史上,在台湾开发史上应该占有重要的位置。

注:本文为作者所撰,是参加2016年在漳州举办的"'一带一路'与海外华人国际学术研讨会"的论文,笔者曾著文《明代海商李旦与颜思齐》,并刊载于漳州师范学院(今闽南师范大学)《闽台文化交流》2012年第2期。

第五章　颜思齐开台事业的延续及意义

本章提要： 颜思齐不幸染瘴致英年早逝，但他开发台湾的壮举，使大陆民众进一步认识了台湾，掀起了一波波开发台湾的热潮，颜思齐开发台湾过程中还传播了中华文化，并开启了"台湾"之称。这有力地说明了：台湾是以大陆汉民族为主力军率先开发出来的，这亦是台湾自古就属于中国领土的重要铁证。

一、郑芝龙继续率众开台

继遗志芝龙展雄才　颜思齐去世百日，二弟杨天生率众兄弟到颜思齐墓前祭拜之后，与众人商议再选一人为首领，此事过程颇为有趣，台南市下营颜氏宗亲会2014年编印的《台南下营颜氏发展源流》一书的《开台先王颜思齐开台经史》一文记载了这个神奇故事：

百日祭当天，众兄弟设香案祷告上天，得示"连得圣笅而碗不破者，即推之为首"。于是"众兄弟拈香跪告天地，祭献旧主思齐，依序向拜请笅掷碗，无一圣笅，碗亦无一不破。唯一官年轻排在最后尚未请笅掷碗，轮到最后的一官跪祷请笅并将碗掷下，奇迹出现了：恰好一个圣笅，碗

第五章 颜思齐开台事业的延续及意义

又不破"。

众皆骇然,一官再取一碗掷下,复如前。衷纪曰:"我不信。"取碗当天祷告:"我等大哥已死,欲推一人领众,天若相一官,再赐两筊,众愿相扶。"祷告毕,又连掷两个圣筊,并碗不破。间有不信者,祷告掷下复如前,如是者屡,共成圣筊三十。众齐曰:"此乃天意,谁能违之,吾等愿倾心矣!"天生曰:"当选吉日。"

事至此,一官诚惶诚恐地说:"弟年谱在诸兄之末,岂敢越分?"天生曰:"此乃卜于天,岂可逆也?"

于是"兄弟遵神示拜一官为首领,遂改名'芝龙',继颜思齐遗志。"[1]

郑芝龙就这样被众兄弟推为新首领。早在三个月前(即1625年7月),郑芝龙的义父李旦带病从"妈阁"(澳门)冒着酷暑回到平户,处理与英国商馆的债务纠纷,到达平户11天后,因来回奔忙、事务繁杂,病情加重而亡故。病重弥留之际,托人捎信到"东番"吩咐义子郑一官回来帮助处理未了的债务。郑一官(芝龙)闻讯即回平户见了李旦最后一面,并处理丧事,继承了李旦的大量财产和船队,巨额财产和一批船舶的继承,使得郑芝龙一夜之间成为巨富。

这里还得交代一下颜思齐在台湾率领众兄弟垦殖时期有关郑芝龙的一些情况,根据东印度公司的《巴达维亚城日记》记载:"1624年12月12日,台湾长官宋克写给巴达维亚的报告中说,已邀请颜思齐开出他的船队,到马尼拉'一起工作'。"[2]

颜思齐派谁出去?在时隔一年之后的台湾荷兰长官报告中找到了答

---

[1] (清)江日升撰,刘文泰等点校:《台湾外志》卷一,齐鲁书社,2004年版,第13页;《台南下营颜氏发展源流》应该是采用了江日升《台湾外志》的这一记载。

[2] 郭辉译,王诗琅、王世庆校注:《巴达维亚城日记》第一册之"日记",台湾省文献委员会,1970年版。

案，那就是精通外语的郑芝龙。那时受聘担任荷人通事的郑芝龙船上挂的是荷兰三色旗，他在海上向中国船、日本船收取保护费，打劫西班牙船。他打劫的收入，要和荷兰对半平分。这是原本为通事（翻译员）、生意人的郑芝龙成为海盗的起始。

1625年10月，颜思齐因为在诸罗山打猎得急症而不治，那时郑芝龙正在海上忙着做生意，接到通知，立即赶回帮忙办理大哥丧事。

颜思齐去世之后，已成为颜思齐团队头领的郑芝龙，凭着先后从颜思齐和李旦手中继承过来的大量财富，他踌躇满志，重整武装力量，建立军队编制，立先锋、左军、右军、冲锋、后卫、游哨、监军、参谋等名号，使各军统御有序，并严格训练，大大增强了战斗力。此时的郑芝龙已拥有部众2万余人，船只千余艘，成为台湾海峡不可小觑的军事力量，连荷兰在几度与之决战后都不得不向他臣服。于是郑芝龙开始进攻金门、厦门，掠粤东，所向无敌，并控制了海峡两岸商业贸易，"凡海舶不得郑氏令旗不能来往。每舶例入三千金，岁入千万计"。[①]

他凭借一己之力垄断了东南亚的经济贸易往来，成为让明朝朝廷头疼的著名海盗。曾是其大哥的颜思齐也受其牵连而亦被称为"海寇"。

受招安明廷授职 事业成功之后的郑芝龙萌生了到朝廷谋一官半职以光宗耀祖的想法，而原本不重视海上主权的明朝，对这支郑芝龙的海上武装开始有所顾忌，先是派兵镇压，但是郑芝龙的部队骁勇善战，明朝原本海上实力就不强，于是在交锋中节节败退，并为如何解决这支海上劲旅对朝廷产生的威胁伤透脑筋。朝廷剿灭不成，就想到了招安，这样双方就想到一块了。经过多方斡旋，崇祯元年（1628），郑芝龙接受明朝招安，诏授海防游击，任"五虎游击将军"。崇祯六年（1633），荷兰人乘明朝守军不备，突袭厦门，焚毁了大量舰船，当中也有一些郑芝龙

---

① （清）郑亦邹：《郑成功传》之《郑成功传·卷上》，台湾文献丛刊第67种，台湾银行经济研究室编印，1960年版。

第五章　颜思齐开台事业的延续及意义

的船只。当年九月，郑芝龙会同闽粤两省水师一起反击荷兰人，在金门打败荷兰战舰，获得了大捷。崇祯十二年（1639），郑芝龙水师在福建湄洲湾再次大败荷兰战舰。此役之后，荷兰人再也不敢入窥闽境。明廷也将驱逐"红毛"有功的郑芝龙提拔为福建总兵，坐镇闽海，他的两个弟弟也进入朝廷当官。

更大规模垦殖台湾　此时正值闽南遭遇了大旱灾。鉴于这种情况，郑芝龙向福建巡抚熊文灿建议，组织灾民到台湾垦荒，既可以解决灾民的出路，减轻福建官府赈灾压力，又能增加开发台湾的劳动力。熊文灿采纳了郑芝龙的建议，由地方官府制定扶持赴台垦殖措施，组织了一次漳州泉州沿海县份赴台大移民活动。这是闽南漳泉历史上第二次大规模迁台高潮，也是我国历史上第一次由大陆地方政府组织的赴台开发活动。这次的民众大规模迁台活动，清代志书有记载：

崇祯初，闽浙大旱，民饥，上下无策，郑芝龙以巨舶载饥民数万移徙台湾，三人给牛一头，每人给银三两，使垦荒岛。而台地野沃土膏，一岁三获，闽人归之若市，遂成邑聚。①

清代学者徐鼒在《小腆纪年附考·卷二十》也记载了此事：

崇祯中，闽地大旱，芝龙请于巡抚熊文灿，以舶徙饥民数万至台湾，人给三金、一牛，使垦岛荒。

这是颜思齐去世后的又一次大规模的汉民族移台垦殖，也是颜思齐开台活动的延伸。

据漳州有关县志、族谱记载，漳州许多农村村民把这次赴台开垦当

---

① 印鸾章编：《清鉴》，卷一，上海书店，1985年版，第39页。

作逃荒求生的好机会。《东山县志·卷二十五·与台湾关系》记载：

明崇祯元年（1628），郑芝龙……曾招铜山五都饥民到台南垦荒定居。①

《前何村何氏族谱》记载：

明末，（靖和乡［今前何村］何氏）九世何仕达、十世何文懿迁居台湾。②

《云霄县志·卷三十五·云台关系》记载：

明崇祯元年（1628年），云霄人蔡杰、蔡伟铭等蔡姓17人，随郑芝龙、颜思齐（应是郑芝龙派来招募的人员，此时颜思齐已病逝）（同批闽人分乘13艘船）移民台湾，以台南为据点屯垦。
……
明崇祯年间（1628—1644年），云霄新林大坪溪村方承烈之第二、第四子移居台湾（即方笃、方夺），传衍后裔。③

《芗城区志·卷三十五·芗台关系》记载：明崇祯年间，张隐等人应募赴台垦殖。④

---

① 东山县地方志编纂委员会编：《东山县志》卷二十五《与台湾关系》，中华书局出版社，1994年版，第545页。
② 东山县地方志编纂委员会编：《东山县志》卷二十五《与台湾关系》，中华书局出版社，1994年版，第546页。
③ 福建省云霄县地方志编纂委员会编：《云霄县志》卷三十五《云台关系》，方志出版社，1999年版，第1174页。
④ 参见福建省漳州市芗城区地方志编纂委员会编：《芗城区志》卷三十五《芗台关系》，方志出版社，1999年版，第1547页。

第五章 颜思齐开台事业的延续及意义

《诏安县志·卷三十四·侨胞与台港澳同胞》记载：

崇祯三年（1630年），是年闽南大旱，福建都督同知郑芝龙在巡抚熊文灿的支持下，招募数万闽南居民……用船舶载至台湾，令其在岛上西岸平原的南端芟舍开荒土为田。诏安人随之赴台者甚众。①

台湾云林县《斗南沈氏族谱》记载：

明末（闽南）大旱，（诏安）二都新营沈开学来斗南开垦。

现全台湾有沈姓人口30万人，仅斗南一地就有沈姓人口1万多人，是台湾地区沈姓人口最集中的地方，这里有18个村庄姓沈。

据《漳浦县志》记载：崇祯年间（1628—1644），福建沿海连年旱灾，巡抚熊文灿采纳郑芝龙建议，招募人员迁台，其中漳浦人见于族谱记载的有长桥人黄克雄等，另有林泗、郑联长、郑式等到台南、澎湖白沙等地垦荒。②

这次招募人员总数比第一次更多，原因有二：一是闽南大旱，走投无路的饥民把入台垦殖作为一次逃荒求生的极好机会，趋之若鹜；二是从史志记载情况看，运送应募人员的船只超过了第一次，这是入台人员众多的直接反映。魏源《圣武记·卷八》记载入台人员有"数以万计"。郑芝龙把他们分别安置到10个寮寨和笨港溪沿岸的9个村子，使得10个寮寨和9个村庄人口急剧增长。

---

① 福建省诏安县地方志编纂委员会编：《诏安县志》卷三十四《侨胞与台港澳同胞》，方志出版社，1999年版，第989页。
② 参见漳浦县地方志编纂委员会编：《漳浦县志》，方志出版社，1998年版，第978—979页。

二、颜氏开发台湾的成果

颜、郑开发台湾的绩效是明显的。首先,大片荒原被开发出来。垦殖集团短短五六年间在漳泉一带开展的两次赴台垦殖大招募,使得赴台垦民急剧增多,移民安置点笨港溪两岸的荒地大量被开垦出来。颜思齐及后继者郑芝龙组织开垦荒地的数量,由于史籍未载,我们难以详知,只能根据一些史料做一些粗略的推算。第一次招募了3000人,按照台湾有关开发史料统计数字,以每人开垦10亩计算,所开发的地域大约3万亩;而由郑芝龙建议、福建巡抚熊文灿采纳的第二次招募人数有"数万人"之多,这次所开垦的荒地就更多了,即使是最少1万人,也可以开垦出10万亩之多。从这一数字可见,颜、郑开发台湾的成绩是可观的。今天台湾的重要米粮仓嘉南平原的开发就是始于这个时期。

其次,促进了汉族乡村聚落的发展。由于闽南籍垦民的大量到来,颜思齐安置的10个小寮寨和在寮寨外围拓垦出的9个村庄很快变成两个港口市镇(今北港镇与新港乡)和9个人口密集的"外九庄"。这外九庄位于今天的嘉义沿海至台南北门一带,包括水牛厝庄(即今天嘉义县太保市水虞厝)、鹿仔草庄(今嘉义县鹿草乡)、大小槺榔(位于今天嘉义县朴仔市东)、土狮仔庄(今嘉义县六脚乡土狮)、龟佛山庄、龟仔港庄、南势竹庄、井水港庄、大丘田庄。这里生产的农作物(主要是大米)以笨港为门户,输出大陆,而大陆也以笨港为口岸运来百货以应民生之需,外九庄经努力经营,到了康熙年间,已出现了"土狮仔街"、"猿树港街"(今东石)、"井水港街"三个繁华街市。[1]

---

[1] (清)倪赞云纂辑:《云林县采访册》,台湾省文献委员会采集组编印,1998年版,第68页。

图 5-1　颜思齐垦殖地之一——当今繁华的云林县水林乡

图 5-2　颜思齐垦殖地之一——当今繁华的云林县北港镇

其三，颜思齐开发出来的笨港在当时就自然成为大陆汉民族移居台湾、继续开发台湾的"第一站"。因为颜思齐的开发台湾，带来了大量的大陆垦民进入台湾，认识台湾，因台湾土地肥沃，种植后不用施肥就能有好收成，这种情况被从台湾回大陆故里的人宣传之后，影响到更多的大陆人士赴台"淘金"。比如康熙六十年（1721）随族兄蓝廷珍入台平定朱一贵之乱的漳浦人蓝鼎元在台湾进行了一番考察后，就认为在台湾发展农业能获大利，他在一首诗里就说："台地一年耕，可余七年食。"[①]乾隆年间台湾海防同知（1774年调北路理番同知）朱景英在其著作《海东札记·卷三》之"记土物"也这样说："台地土壤肥沃，田不资粪，种植后听之自生，不事耕耘，坐享收成，倍于中土。"[②]同时，从台湾回到家乡的乡亲那里，人们不难听到关于台湾"好赚吃""台湾钱淹脚目"的说法，这无形中起了宣传广告的作用，更激发了闽南人对台湾的向往，因此在明清时期，闽南地区赴台垦荒者趋之若鹜。

这样，短短几十年时间，台湾从南到北就被以闽籍为主力军的垦民渐次开发出来。如：台南云嘉平原的开发，到乾隆时已全面开花；康熙年间漳籍垦民最早到这里辟盐埕晒盐，之后漳州同乡逐渐聚集于此，定居晒盐，建立了盐埕村，此后逐渐发展为今天的高雄市；台中市的南屯区"犁头店"，是漳州人在台中最早建立的村民村落。其中平和籍林石早在乾隆十八年（1753）就在这里拓荒，终成著名的雾峰林家。再往北是"竹堑"（后称新竹），这是台湾北部最先开发的地区。康熙五十年（1711）前后，同安（金门）人王世杰，募集祖籍地泉籍乡亲一百来人于此开垦，是大陆垦民集体开垦新竹之始；台北的开发，最先是泉州人陈赖章率领泉籍垦民入垦大佳腊平野，接着是漳浦人林秀俊在这里垦殖，后来是龙溪人林平侯率领漳州乡亲协力兴建板桥城，这就是台湾著名的板桥林家；宜兰是吴沙（嘉庆元年，公元1796年）、陈辉煌（咸丰十一年，公元1861年）率领漳州乡亲开垦出来的，他们被誉为开兰始祖、开兰元勋，所以台湾人说：

[①] （清）蓝鼎元：《鹿洲诗选》，载《鹿洲全集》（下），厦门大学出版社，1995年版，第914页。

[②] （清）朱景英：《海东札记》卷三之"记土物"，台湾文献丛刊第19种，台湾银行经济研究室编印，1958年。

第五章　颜思齐开台事业的延续及意义

笨港是我们民族最早在台的屯垦地。古时渡海来台的我们祖上，都由笨港起山登陆，在这里居住一段时期，才进发宝岛各地，去开发他们的新天地，是故宝岛的开发是由此而东，从南渐北。①

另外，颜思齐及其后继者郑芝龙的开发活动，还为日后郑成功收复台湾、开发经营台湾奠定了基础。1662年，郑成功攻占赤嵌城之后，大军包围了荷兰人最后的据点热兰遮城堡（即今之安平古堡），给龟缩于城堡中的荷兰总督揆一写了封正气凛然的《敦促荷兰人投降书》，其中有这样一句话：

台湾者，中国之土地也，久为贵国所踞，今余既来索，则地当归我，珍瑶不急之物，悉听而归。②

这话的底气当然来自其父辈对台湾的经营与开发。

三、使台湾有了港口集市

颜思齐在台湾的大规模垦殖活动，在笨港溪沿岸辟置10个寮寨安置人员，后来发展成为繁华的笨港和人烟稠密的外九庄（到现在已是9个乡镇）。他还在所居住的主寨笨港的平野进行市政建设，在中区建高大的台楼公署（后人称"开台王府"），成为台湾最早初具行政建制性质的汉民族社会管理机构和组织、指挥垦荒的中枢。此时，在海上贸易

---

①《新港奉天宫开台妈祖简介》，财团法人嘉义县新港奉天宫编印，1976年版，第18—19页。
② 连惠心：《历史的台湾》（DVD光碟），华旸传播股份有限公司、颐伦影视制作有限公司2006年联合制作。

发展过程中，笨港已成为诸罗县里面最繁华的临港街市。《诸罗县志》称：

笨港街（商贾辏集，台属近海市镇，此为最大）……①

乾隆二十九年（1764）由余文仪纂修的《续修台湾府志·卷二·街市》称：

笨港街，距县三十里。南属打猫保、北属大槺榔保。港分南北，中隔一溪，曰南街，曰北街，舟车辐辏，百货并阗，俗称小台湾。

这些记载说明当时这片港区已由村庄发展成为热闹街市。

清倪赞元在《云林县采访册·大槺榔东堡记》有这样的叙述：

笨港，在县西南四十五里，源通洋海，金、厦、南澳、澎湖、安边等处商船常川往来，帆樯林立，商贾辐辏。

当时台湾最早称呼较繁华的港口市镇的排名是"一府（台湾府，即今台南市）、二笨（港）、三鹿港"。

笨港当时能崛起，与台南的一府、台北的艋舺鼎足而立，幕后最大的功臣，就是颜思齐开发笨港溪。②

---

① （清）周钟瑄主修，（清）陈梦林总纂：《诸罗县志》，（台湾）成文出版社，1983年版。
② 颜嘉德：《颜思齐开拓台湾史略》，台北，2015年编印，第49页。

四、中华文化入台传播

开台活动第一次在台湾大规模传播中华文化的子文化闽南文化,成为今天台湾主流文化(闽南文化)的最早源头。

颜思齐开台活动在拉开了台湾大规模开发活动序幕的同时,也拉开了大规模传播中华传统文化的序幕。一是传播了闽南文化的载体——闽南话,由于入台垦民队伍中漳泉厦籍人士占有80%以上,有的甚至携家带口,于是带来了闽南话在台湾的大面积传播,如今闽南话已成为台湾的主要方言,而它的源头正是始于颜思齐大规模招募闽南籍垦民入台的垦殖活动。

二是传播了大陆(主要是闽南)的宗教信仰。颜思齐移台垦民带去了湄洲的妈祖香火,在笨港街建起了全岛第一座妈祖庙"天妃庙",嘉庆年间笨港溪山洪暴发,洪水冲毁了妈祖庙,洪水过后,人们在笨港溪两岸重新各修建了一座妈祖庙,这就是新港的奉天宫和北港的朝天宫,后来,这两座妈祖庙的香火分传台湾各地,因此也就成为台湾大多妈祖庙的祖庙。每年妈祖诞辰,全台湾各地的妈祖信众都云集这里朝拜,成为台湾民间信俗的一大盛况。

图 5-3　颜思齐带去的妈祖香火建起的嘉义新港奉天宫（作者摄）

图 5-4　颜思齐带去的妈祖香火建起的云林北港朝天宫（作者摄）

此外，台湾信众比较多的民间信仰还有开漳圣王、保生大帝、关帝崇拜，这三大神明与妈祖崇拜并称台湾四大宗教崇拜，几乎覆盖台湾所有信众。妈祖信众占了台湾各神明崇拜信众的 80% 以上，其他三项神明的信众亦各占有 30% 以上（许多信众是交叠信仰），台湾的妈祖庙总数有 800 多座，其他三神的宫庙也都各有三四百座。这几尊神明的香火，都是从漳泉二州分灵入岛的。

三是促进了闽南民俗文化在台湾的传播。颜思齐带来的闽南籍垦民，当然也带来了家乡的岁时民俗活动。如春节过大年，包括腊月二十四送尪公（神明）上天，俗称小年夜。大年三十围炉"吃年夜饭"，长辈给小孩子发压岁钱（俗称红包）。大年初一互相拜年，互道吉祥贺语。初九拜天公（玉皇上帝），十一吃福，十五上元节，上街赏花灯，春节活动至此结束。接下来是三月清明节祭拜祖宗，上坟扫墓。五月端午节吃粽子划龙舟，七月七"乞巧节"，七月十五中元节，做"普渡"，八月十五中秋节吃月饼，冬至日吃汤圆。九月初九重阳节，十二月十六做"尾牙"，企业老板要给员工摆宴席，感谢员工一年来为企业工作的辛苦，送员工回家过大年。一年的民俗活动全都与闽南一样，因为这些民俗正是从闽南传播过来的。

这一时期从闽南传播过来的民俗文化除了上述的岁时习俗之外，还有的就是能和垦殖活动结合在一起的文化，如中药、草药治病的文化，如对去世亲人的丧葬文化，以及在耕作上遵农时季节的农耕文化，等等。同时，为了聊补垦殖活动的辛苦、填补业余时间精神上的空虚，开始有人把家乡的一些自娱自乐的、比较容易携带的乐器如二胡、洞箫、琵琶、唢呐、锣鼓之类的管弦乐器和闽南流行的南音锦歌带到台湾，成为后来著名的台湾歌仔戏在漳籍垦民最多的宜兰产生之源头。

五、从"海寇"到"开台王"

由于颜思齐原来是准备在日本进行武装起义，重要成员都有较强的武功，这使他拥有一支武装队伍，具有很强的战斗力，到郑芝龙时期，曾掠海澄、陷漳浦、抵铜山、攻潮汕，攻城略地，还垄断海上贸易，每一只往来两岸的商船都要向他交纳船税。在这一时期，东南海上也的确先后活跃着李魁奇、刘香、林辛老等一批烧杀剽掠的海盗。在这种情况下，人们自然把招安前的郑芝龙当作海盗，因此也就顺理成章地在很长时间里把作为郑芝龙头领的颜思齐与在海上横行霸道的"海盗"联在一起。比如，康熙年间，诸罗县令季麒光在他的《蓉洲文稿》中这样说：

万历间，海寇颜思齐踞有其地，始称台湾。[①]

康熙年间洪若皋的《海寇记》、杨文魁的《台湾纪略碑文》、余文仪纂修的《续修台湾府志》以及乾隆、嘉庆年间修纂的台湾地区县志，均以"海寇"称颜思齐。

随着时间的推移，颜思齐大规模开发台湾的卓绝贡献以及这次开发活动对台湾民众带来的福祉日愈显著，其影响越来越大，这种影响逐渐模糊了对他原来"海盗"的看法。从20世纪20年代开始，台湾一些爱国史学者如连横等人通过田野调查发现，民间流传着颜思齐开发台湾的许多动人故事，尤其是在台湾最早开发的嘉义、云林一带，这里的老百姓都知道颜思齐当年率领垦民披荆斩棘、筚路蓝缕开发笨港的事迹，这引发了他对这位开台先贤的敬重，于是，他在所撰写的《台湾通史·列传一》，就把颜思齐摆在首位，他这样写道：

又尝过诸罗之野，游三界之埔，田夫故老，往往道颜思齐之事。……故余叙列传，以思齐为首。

---

① 转引自连横：《台湾通史》卷一《开辟纪》，九州出版社，2008年，第15页。

图 5-5　台湾同胞在北港镇兴建的颜思齐先生开拓台湾登陆纪念碑（作者摄）

《台湾通史》对颜思齐的褒扬首改历史上的贬说，引起了台湾各界的重视。1948 年 4 月，嘉义市长宓汝卓因明清两朝官方志书文献中都称颜思齐为"海寇"而极为愤慨，对颜思齐的开拓台湾之功做了充分肯定"以正视听"。

图 5-6　嘉义新港奉天宫左侧的思齐阁　　图 5-7　思齐阁的阁楼大门（作者摄）
　　　　（作者摄）

　　1959 年，台湾当局在他原来登陆之处云林县北港镇区的街心兴建了"颜思齐先生开拓台湾登陆纪念碑"。1966 年，民众在嘉义县新港奉天宫（妈祖庙）两旁各建一座五层钟楼和鼓楼，钟楼就叫"思齐阁"，鼓楼称为"怀笨楼"，怀笨楼和思齐阁的楹联清楚地肯定了颜思齐"开发台湾第一人"的这一功绩。怀笨楼的楹联为：

怀古开台崇第一，笨今圣母显无双；
怀古史犹存开基先从此地，笨津迹已废登楼遥溯前踪。

思齐阁的楹联云：

思效孤忠，万里扬帆登笨港；齐存大义，千秋著绩在罗山。

思齐阁里面还展示了当时颜思齐建筑 10 个寨寨的蓝图，供民众参观凭吊，以纪念颜思齐的开台功绩。从那以后，台湾同胞一提起颜思齐都尊称他为"开台第一人""开台王"。他的开台事迹编入了台湾中学课本，这些情况说明，颜思齐开发台湾的功绩已经得到越来越多民众的肯定，这些肯定使他的身份完成了从"海寇"到"开台王"的嬗变。

因此，中国台湾网《云林县北港镇概况》称：

明朝天启元年（1621 年）颜思齐、郑芝龙率众登陆笨港，并引三千移民入垦，为汉人大规模移垦台湾之始祖。①

台湾吴昆仑、林猷穆著的《台湾姓氏源流·颜氏世系考》载：

颜氏临台湾，当以颜思齐为第一人，时在明朝万历十四年（1586）至天启五年（1625），其登陆地为嘉南一带，招徕漳泉大量移民对台湾进行大规模、有组织、有计划地开垦，因而被两岸人民尊为"开拓台湾第一人"。

六、开启了"台湾"之称

此外，颜思齐开发台湾，还有一个意外的收获，这就是开启了"台湾"之称。台湾称谓在历史上并不引起人们关注，不同时期有不同的称谓，故连横在《台湾通史·卷一·开辟纪》中叹曰：

台湾之名，始于何时，志乘不详，称谓互异。

---

① 《云林县北港镇概况》，中国台湾网，2019 年 1 月 8 日。

查阅史书，确实在不同时期有不同称谓：

汉代被称为东夷（即东鳀和夷洲的合称）。最早涉及这一名称的记载是《后汉书·东夷传》。

公元268—280年，三国吴国丹阳太守沈莹（？—280）写下《临海水土志》一书。他称，这片海上的土地叫"夷州"，其地理位置和风土民情如下：

夷州在临海东南，去郡二千里，土地无霜雪，草木不死，四面是山，众山夷所居。山顶有越王射的，正白，乃是石也。此夷各号为王，分画土地，人民各自别异。人皆髡头穿耳，女人不穿耳。作室居，种荆为蕃鄣。土地饶沃，既生五谷，又多鱼肉。……能作细布，亦作斑文布，刻画其内，有文章，以为饰好也。……磨砺青石，以作矢镞、刀斧、镮贯、珠珰。饮食不洁，取生鱼肉，杂贮大器中，以卤之，历日月乃啖食之，以为上肴。……得人头，砍去脑，驳（剥）其面肉，取犬毛染之，以作须眉发。……战得头，着首，还，于中庭建一大材，高十余丈，以所得头差次挂之，历年不下，彰示其功。[①]

书中所介绍的"山顶有越王射的，正白，乃是石也"，证明了在春秋战国时期，台湾就是越国的版图。

书中的描述使我们对距今近二千年前的台湾有了形象的了解：

夷洲在临海郡东南2000里，当地气候炎热，没有霜雪，草木四季常青，四面是山，土地肥沃，种植五谷，多产鱼肉，纺织细布，冶炼铜铁。居民为在高炎热气候中保存食物，把鱼肉卤在大陶罐中，不仅自己当作

---

① （宋）李昉等：《太平御览》（全四册）第780卷《四夷部一·东夷一·叙东夷》，中华书局，1960年版。

佳肴，还用来招待客人。男女婚嫁乃由父母决定，女孩子出嫁后都要打掉上面的一颗门牙。居民分为不同部落，各有自己的土地和首领。首领召集民众时，用木棍敲击中间掏空的木头，声音可传四五里远，居民听见后纷纷赶来。打仗时将敌人的头砍下来，挂在院中的大木桩上，几年都不摘下来，以彰显自己的战功。

《临海水土志》是历史上有关台湾地理风土人情最早的记述。隋至元台湾分别被称为"流求""留求""琉球"。《隋书·流求国》载：

> 流求国，居海岛之中，当建安郡东，水行五日而至。

元末的大旅行家汪大渊在其所著的《岛夷志略》一书中专列了"琉球"，又一次细细述说了"琉球"的情况：

> 地势盘穹，林木合抱，山曰翠麓，曰重曼，曰斧头，曰大崎。其峙山极高峻，自彭湖望之甚近。……土润田沃，宜稼穑。

明朝初期，有一些来往于海峡的商人渔民开始把岛上比较明显的地名、地理标志如"北港""鸡笼""淡水"等称呼用来称台湾。明万历十七年（1589），福建巡抚周寀就海上贸易的"船引"问题上书云：

> 东西二洋共计八十八只，又有小番，名鸡笼淡水，地邻北港捕鱼之处。[1]

明朝后期，连江人陈第和莆田人周婴都写过一篇介绍台湾的文章，

---

[1] 曹永和：《早期台湾历史研究》，（台湾）联经出版事业有限公司，1979年版，第9页。

题目都叫《东番记》。其中陈第的《东番记》缘于明万历三十年（1602）他随都司沈有容攻打藏匿于"东番"附近岛屿上的倭寇，有机会登上"东番"，对岛上的风土民情做了一番考察而成。《东番记》云：

> 东番夷人不知所自始，居彭湖外洋海岛中，起魍港、加老湾，历大员、尧港、打狗屿、小淡水、双溪口、加哩林、沙巴里、大帮坑，皆其居也，断续凡千余里。①

这是较早称"东番"的文章记载。

明万历进士泉州人何乔远在其地方文献《闽书·岛夷志》中采纳了陈第的《东番记》关于"东番"的记载：

> 东番夷不知所自始，居澎湖外洋海岛中，起魍港、加老湾、打鼓屿、小淡水、双溪口……断续千余里。

龙溪人张燮写于万历四十五年（1617）的《东西洋考》中有一篇介绍台湾的文章亦叫《东番考》称：

> 鸡笼山、淡水洋，在彭湖屿之东北，故名北港，又名东番云。

清初地理学家顾祖禹在其地理学著作《读史方舆纪要·卷九十九·福建五》中说：

> 又有鸡笼山岛野夷……亦谓之东番。

---

① （明）陈第：《东番记》，载（明）沈有容辑：《闽海赠言》卷之二，台湾文献丛刊第56种，台湾银行经济研究室编印，1975年版，第26—27页。

第五章 颜思齐开台事业的延续及意义

崇祯八年（1635），给事中何楷（漳州镇海卫人）奏陈靖海之策曰：

海上岁无宁息，今欲靖寇氛，非墟其窟不可，其窟维何？台湾是也，台湾在彭湖岛外，距漳、泉止两日夜程，地广而腴。①

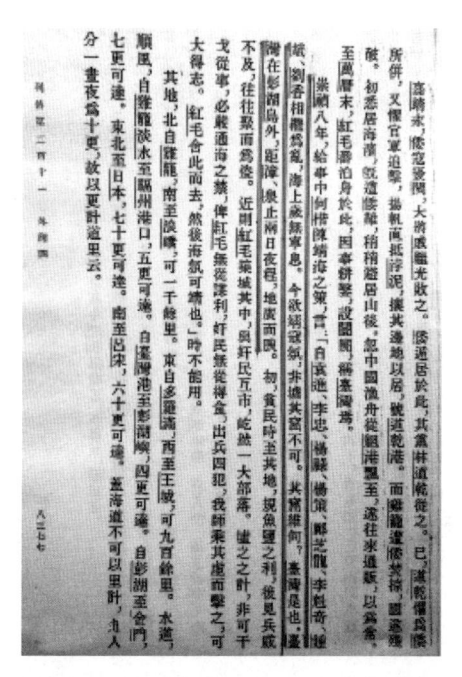

图 5-8 乾隆时期编印的《明史》第 28 册第 8377 页的记载，是我国正史称"台湾"之始（作者摄自《明史》）

请注意，这是我国正史称"台湾"之始。

从称"东番"到称"台湾"，中间只隔着短短十多年时间，这段时间台湾发生了什么事情，使得"东番"改称"台湾"呢？

这段时间，"东番"岛上真的发生了一件大事，这就是颜思齐的大规

---

① （清）张廷玉编：《明史》第二十八册，中华书局，1974 年版，第 8377 页。

107

模开发"东番"。如前已述，颜思齐在笨港登陆之地的主寨大搞市政建设，并在中心地带建公署大台楼（后称"开台王府"），这座台楼就建在海湾旁边，湾内有筑在高台上的公署，台楼之外有海湾，于是开始有人把这里叫为"台湾"，这一称呼最早是在闽南一带往返海峡两岸的渔民和海上贸易商人当中逐渐传开的，而家在当时龙溪县辖的海峡西岸镇海卫村的何楷，当然能在最早时间内获知海峡对岸的东番岛改称为"台湾"，于是就在上奏章时第一次正式把"台湾"这一新名称写了进去，并被收入清乾隆时期编纂的《明史》之中，成为我国正史最早称"台湾"的文献记载。

与此相印证的是清康熙台湾诸罗县令季麒光的《蓉洲文稿》称：

万历间（不是万历，是天启元年），海寇颜思齐踞有其地，始称台湾。[1]

清周钟瑄主修、陈梦林总纂的《诸罗县志》也对这一观点予以肯定，称：

天启元年，颜思齐横行闽海，声势浩大，踞有土，始称台湾。[2]

清康熙二十三年（1684）任诸罗县令的季麒光的《蓉洲文稿》最早提出台湾之称始于颜思齐开台活动的论点，这一论点是符合事实的。"台湾"之称始于明天启年间以颜思齐为首的闽南沿海民众对台湾的大规模开发活动。从明朝天启年间到崇祯八年（1635）何楷奏书首次提出"台湾"之称，这短短的15年，就是台湾称谓之始并固定下来的重要时期。

---

[1] 转引自连横：《台湾通史》，九州出版社，2008年版，第15页。
[2] （清）周钟瑄主修，（清）陈梦林总纂：《诸罗县志》，（台湾）成文出版社，1983年版。

第五章　颜思齐开台事业的延续及意义

图5-9 《厦门晚报》(2007年4月20日)报道了本书作者的这一观点：台湾因颜思齐而得名(作者摄)

2004年，作者研究文章《略论颜思齐的开台事功及其历史意义》发表于《漳州师范学院学报(哲学社会科学版)》第2期。同年，作者的《明末颜思齐大规模开台活动与台湾名称的由来》一文发表于《漳州论丛》第3期。作者关于台湾之称由来的观点和论述引起了媒体的关注。2007年4月中旬，《厦门晚报》派记者采访作者，而后于当月20日以《"台湾"因闽南人颜思齐得名》为题，报道了作者的观点和上述论述。这是媒体较早报道"台湾"之称由来的文章。该采访文章写道：

台湾的地名因何而来，史书上始终没有明确的说法。近日，漳州市委党校历史学教授何池全面考证了"台湾"得名的来龙去脉，提出了"台湾"因闽南人颜思齐而得名的观点。

之后，百度、搜狐新闻、新浪博客等网络媒体纷纷转载了这篇文章的观点，再之后，这一观点引起了青礁村所在地海沧区政协的重视，在他们的努力下，2020年年底，台湾得名于颜思齐明末开发活动的资料被编入了中国历史教科书。

第六章　两岸共同缅怀"开台王"

本章提要：颜思齐开发台湾的丰功伟绩光昭日月，惠泽后人，被台湾同胞称为"开台王"，他的开台业绩被编入台湾中学课本，受到普遍的赞颂。改革开放之后，台湾颜氏宗亲回到祖地青礁村寻根谒祖，续编族谱，而海峡西岸的颜氏族人亦纷纷入岛，瞻仰与凭吊先贤曾经为之流汗流血甚至献出性命的土地。其影响日愈扩大，以至拍摄成历史故事片、纪录片，搬上银幕。

一、笨港主寨今昔

今天的嘉义县古笨港水林乡水北村有一小村子，就是当年颜思齐居住的主寨。当年颜思齐派人回家乡招募入台垦民，青礁颜氏宗亲纷纷响应，来到后就安排住到颜思齐的主寨，乡亲们以姓定名，称该主寨为颜厝寮，清代台湾地图也以颜厝寮标注，使"颜厝寮"名称得以固定下来。其村子房屋排列为马蹄形，一排向东，一排向西，每户又纵贯前庭，后门可互通，这是一种用于军事的特殊攻防设计建筑。

四百多年过去了，在历史沧桑变化中，或许是搬迁，或许是战乱，如今颜厝寮已没有了颜姓村民，只有蔡姓和周姓的，周姓先祖是当年被颜氏领养，但后代并未改姓，实际上与颜姓是一家人。周姓人家认为，该村颜姓村民并非颜思齐直系血亲，而是颜思齐旁系宗亲之后代，因为颜思齐去世时仅36岁，来台湾后忙于开发事业，无家室子女。但北港和下营颜姓家族则称他们是思齐后代，否定上述周姓村民的说法。日据时期，曾有人提议把颜厝寮改为麦仔寮，因为蔡姓村民是从云林麦仔寮迁来，但地方当局研究后认为，颜厝寮有数百年历史，是开台王的居处，不宜变更这一富有历史意义的古迹名字，后来也就没有人再提议了。于是颜厝寮的村名一直保留至今。

图6-1　当年颜思齐在笨港居住的主寨（今颜厝寮村）一隅
（海沧区青礁颜思齐文化中心提供）

几十年来，随着社会的发展，与大陆许多农村一样，颜厝寮村里的农民外出打工做生意日渐增多，使得人口原就不多的该村只剩十几户，许多古早厝因无人居住，破损颓圮、摇摇欲坠。

值得一提的是，颜厝寮里面有一口全台湾独一无二的"七角井"，井的七角形内壁就用当年青礁村颜氏宗亲应募过台湾的压舱石（方块红砖）作为井的壁砖砌成的，至今已有380多年历史。云林县水林乡水北村村长洪茂仁曾带着前往祭拜颜思齐的厦门青礁颜氏宗亲走访颜厝寮，在那里他们看到了当年颜思齐在这里生活时打下的这口"七角井"。熟悉该村历史的洪茂仁说：

当时当地缺水，他们（颜思齐）到了以后先要挖井，想到老家的"七星井"，就把这口井挖成七边形，用来纪念自己的故乡。①

这口古井至今已有380多年历史，依然保存完好并且在井旁立有保护碑。碑文记载：

明朝末年，西元一六二一年，福建人颜思齐率众渡台拓垦，在水林（水漆林）颜厝寮聚居耕牧，嗣在中庄掘井，方块壁砖为材，应用拱桥原理建构井壁，条纹清晰，（井）宽四尺许，深达两丈余，成七角状，坚实美观，井水经年满盈，足供居民饮用。中庄七角井，古迹盎然，三百八十一春秋，朝夕涌泉，生生不息，是全台仅存的七角井，弥足珍贵。

碑文还附诗一首以为纪念：

百年常保泰，宝井涌甘泉，感念先贤苦，应惜水资源。

这口"七角井"与本书第二章介绍过的青礁村的"七星坠地"井有异曲同工之妙：井壁都是同样的方块红砖，连大小尺寸都一样。它就是当年颜思齐率领乡亲开发笨港的最好见证。

---

① 作者2011年3月清明节前夕应青礁村颜氏宗亲会之邀，赴台参加两岸颜氏宗亲共祭开台王之盛典，与颜氏宗亲一起参观了颜厝寮，听取了该村村长洪茂仁介绍，此为现场所听记录。

图 6-2　全台湾仅有的颜厝寮村里的七角井红砖与青礁的七星坠地井的方块红砖一模一样（青礁颜氏宗亲会 2012 年编印:《浩气长存诸罗山》中的照片，经其同意作者翻拍）

二、喜看青礁村新貌

近几年来，与全国各地一样，颜思齐故里青礁村所归属的厦门市海沧区经济社会发展很快，工业开发区延及此地，工厂企业遍地开花，村里的土地大多被开发区和自贸区征用，农田越来越少，失去土地的大部分村民生活来源就靠在村里村旁的企业打工挣钱，农民变成了工人和商人。有积蓄的村民做起了建材、家具、烟酒、农资等生意，当起了老板。现在蔬菜也很值钱，还有一点土地的村民就种植蔬菜供应海沧和厦门市区。村旁的青礁慈济宫在海沧区政府的支持下建成集朝圣、休闲、登山健身、古建筑及中草药研究于一体的旅游景区和研究基地，一些村民在景区卖起了旅游商品。村民生活总体来说已进入小康水平，几乎是家家户户都建了新楼房，2018 年全村人均年收入已近 3 万元，位居全省乡村前列。

2014 年以来，随着党和政府重视生态环境保护，美丽乡村建设迈开

第六章　两岸共同缅怀"开台王"

了步伐，青礁村除了被列入开发区和自贸区的自然村之外，在海沧区政府的支持下，院前、卢塘、后松等历史文化资源较为丰富的自然村开展美丽乡村建设。院前社从2014年开始，投资2000多万元，建设了凤梨馆、大夫第、城市菜地、同心果园、院前好时光、幸福老人院等。后松社从2016年开始，投资200万元，建设了后松运动生态公园。芦塘社2016年投资200万元，建设了芦塘书院等。大路社2016年投资200万元，建设了老人活动中心，等等。

图6-3　青礁村的一处路标（作者摄）

图6-4　古老的青礁村换新颜，美丽乡村建设开展以来，青礁村已成为农家乐旅游景区（作者摄）

"城市菜地"引进了台湾农作物种子,"同心果园"种植着台湾引进的凤梨、树葡萄等名贵品种。在海沧院前社,处处透着台湾裔亲的情感和智慧,他们传授技术、引进种苗、担任义工、捐建设施,将院前当成新的家园,共同建设、共同分享。两岸宗亲倾注的智慧、情感和心力,使青礁村成为一个生机勃勃的"百姓富、生态美、台味足"的"闽台生态文化村",成为一座集历史文化、古建筑文化、农家乐休闲文化于一体的美丽村庄,近日已列入全国旅游乡村重点村名录。

图 6-5　青礁村里的颜氏小宗祠——崇恩堂祖祠(作者摄)

再说说颜思齐在村里地位的变化。该村除了第二章所述及的开漳堂大宗祠堂之外,还有一座建于元朝、重修于明初的祖庙"崇恩堂"(小宗),它坐落在村子中间。这座风格古朴的颜氏家庙,占地面积达 300 多平方米,规模浩大、造型典雅,虽历经数百年风雨侵蚀,仍不失其蔚为壮观的气势。门前的两个彩灯上各自书写着一个大大的"颜"字,高过膝盖的家庙门槛,对开的两扇红门,门前的石鼓,足见颜氏祖上位居高官,地位显赫。崇恩堂历经多次重修,镶在家庙里面左侧回廊墙上的《颜氏家庙重修记》石碑上的一段文字清晰地记载着嘉庆二十年（1815）青礁村颜氏重修崇恩堂时，台湾的颜氏宗亲踊跃捐款的事情。碑文写道：

台湾诸孙子合捐银二百四十二圆。

台湾的颜氏宗亲对故土的深深眷恋和认祖归宗之殷殷情感，悠然可见。

图 6-6　油漆一补放入"开漳堂"大宗祖庙的一世祖颜慥和二十世颜思齐神位牌（作者摄）

崇恩堂颜氏家庙里供奉着青礁颜氏肇基始祖以下数十代先人的牌位，青礁颜氏的肇基始祖是颜慥。数年前，厦门市姓氏源流研究会颜子文化分会原会长颜明灿先生告诉笔者，按照村里的族谱排辈，颜思齐正是慥公的第 20 代裔孙。由于当年颜思齐杀死恶人，成了官府通缉的要犯。村里按照祖训，与他的父亲颜清都不能入族谱，牌位不能放入家庙。但事过境迁，在海峡对岸的台湾，颜思齐因为开发台湾的功劳甚伟，不仅光宗耀祖，而且受到了台湾同胞的敬仰，被尊称为"开台王"。青礁村的村民如今一讲起这位开台先贤宗亲，无不肃然起敬。2009年春节过后村里重修崇恩堂，重新修订族谱，决定还颜思齐以公正的历史地位，将他的名字郑重地写入族谱。

2011年作者曾专程到青礁村采访，正值崇恩堂在修葺，作者在这里看到前厅地上放着刚油漆好、红底金字的颜氏祖先13世123支神牌。按照村里的规矩，14世以后的祖先分别置入各房自己的小宗祠庙里，但20世孙颜思齐的神牌却赫然置身于重建竣工的"开漳堂"大宗先祖牌位之中。

图6-7　颜思齐的神位被安放在青礁开漳堂神龛中第一排位置（作者摄）

正如开漳堂后面恺公陵墓旁边枝繁叶茂的榕树一样，现在颜氏子孙遍布闽粤台及海内外。台北市颜氏宗亲会出版的《复圣颜子2493周年诞辰纪念集》中的《台湾颜氏世系考》整理出来的材料，明确记载着青礁始祖颜慥衍派在台湾各地的分布情况：台中的大甲、清水、沙鹿、梧楼，彰化市北斗镇、埔盐乡，嘉义县北港镇，水林乡水北村，台南县新营镇、下营乡等处都是颜氏聚族而居的地方。他们都奉颜思齐为开拓台湾的"第一人"。两岸颜氏宗亲已在进行《颜氏族谱》对接，他们已在所修的颜氏族谱中郑重地写上了颜思齐的名字，还他以历史的公道。

三、两岸共祭"开台王"

两岸关系解冻的20世纪80年代，开始有台湾颜氏宗亲回到青礁村祭拜保生大帝祖庙，也顺便探访颜氏故里青礁村。通过交流，他们惊讶地发现台湾的颜氏许多来自这个海边的村庄，于是，两岸颜氏族人开始互相来往，畅叙宗亲之谊。接着，青礁颜氏宗亲从交谈中了解到，村里有位先贤叫颜思齐，在明朝天启年间率领一批垦台人士赴台垦殖，被称为"开台王"，他的陵墓就在诸罗山的三界埔尖山。于是，青礁颜氏村民萌发了到台湾祭拜先祖颜思齐的想法。之后，在台湾颜氏宗亲的帮助下，青礁颜氏族人开始组织村民赴台祭拜颜思齐。这一联谊兼缅怀先祖开台功绩的活动日益受到大陆各地颜氏族人的广泛重视。

2010年，厦门颜子文化研究分会与台湾颜氏宗亲会联合发起筹办"两岸共祭开台王颜思齐"活动。经过数月的辛勤工作，各项有关祭典和学术研讨事宜已经落实。2011年清明节前夕的3月30日上午，来自厦门青礁、广东等地的颜氏宗亲100多人，与台湾台北、彰化、台南等地的颜氏宗亲共300多人，聚集在嘉义县水上乡三界埔尖山颜思齐墓前，共同缅怀开台王的光辉业绩，共同祭拜这位开台先贤。这是两岸民众首度联袂大规模共祭颜思齐，同时在水上乡召开"首届颜思齐开发台湾学术研讨会"。笔者应厦门颜子文化研究会和青礁颜氏宗亲会的邀请，赴台见证了这一祭典盛况,并参加了研讨会,一同感受到了两岸同胞对这位开台先贤的敬仰之情。

图 6-8　笔者目睹了两岸同胞聚集嘉义县水上乡三界埔尖山颜思齐墓前共祭开台王的盛景(作者摄)

这项活动在海内外产生了良好影响。3 月 31 日,台湾《中国时报》《联合报》,以及中新社、香港《文汇报》、《厦门日报》等大媒体,以"两岸颜氏宗亲,水上乡共祭开台王"等标题,纷纷报道了这次祭典活动。

(详见下附笔者所撰《开台伟绩垂千古——两岸民众隆重缅怀开台王散记》)

第六章 两岸共同缅怀"开台王"

附录：

开台伟绩垂千古
——两岸民众隆重缅怀开台王散记

● **两岸民众纪念颜思齐议题的提出和筹备**

近年来，随着两岸民间交流的日益热络，青礁颜氏宗亲会与台湾颜氏宗亲总会开始有了接触，并在两岸颜氏族谱对接方面取得了初步成果。之后，由于对颜思齐研究的深入开展，在台湾颜氏宗亲的帮助下，2009年至2010年，青礁颜氏宗亲会开始派出颜国强、颜建春、颜文清、颜水荣等人赴台湾嘉义水上乡，到先贤颜思齐墓园进行扫墓和祭拜，并与台湾颜氏宗亲总会酝酿举行两岸宗亲共同纪念颜思齐开台伟绩的活动，包括到颜思齐墓园共祭颜思齐、瞻仰有关颜思齐开台史迹和举办首次颜思齐学术研讨会等内容。一年多来，筹备活动得到两岸有关部门与人士的大力支持和协助（其中有厦门海沧区政府及有关部门、台湾水上乡执政机构及有关部门和人士）。又因颜思齐墓园坐落在台陆军南区联合测考中心训练场管制区范围，因此到墓园祭拜活动还得到了台湾军事管理部门的同意。

这项有史以来首次两岸颜氏宗亲共同纪念颜思齐的活动于2011年3月30日在嘉义县水上乡和云林县水林乡隆重举行。笔者应厦门市姓氏源流研究会颜子文化分会和青礁颜氏宗亲会的邀请，有幸参加和见证了这一盛会。

● **隆重热烈的祭典仪式**

台湾嘉义水上乡三界村村后的三界埔山顶，茂密的相思树掩映着一座不甚起眼的坟墓，两岸同胞景仰的"开台第一人"颜思齐就安息于此。

历史将记住这一时刻——3月30日上午10点30分。十几辆大巴满载着来自厦门青礁、广东连平以及台湾台北、彰化、嘉义、云林等地的

360多名颜氏宗亲和各界人士，沿着北港溪畔上溯，过槟榔树角，驶入窄窄的牛稠埔盘山小路，缓缓驶入三界埔山顶。大队祭拜团体的到来，打破了这片少人涉足的军事管制区山野的宁静，颜思齐墓前不大的祭埕，挤满了前来参加祭拜的数百人群。

10点30分，祭典仪式在轰鸣的鞭炮声中开始，台湾颜氏宗亲总会会长颜武胜、厦门姓氏源流研究会颜子文化分会会长颜国强身穿黄色长衫，共同担任主祭人；台湾无党籍"立委"、台中市大甲镇澜宫董事长颜清标的儿子颜宽恒，广东以及台湾彰化、嘉义、云林等地颜氏宗亲会的代表，水上乡乡长王启澧等身穿咖啡色长衫作为陪祭，站在队伍前面；司仪由富有经验的水上乡璇宿上天宫（妈祖庙）林先生担任。祭拜队伍前面是两个长横幅标语，分别写着："辛卯年闽台颜氏共祭开台王颜思齐""广东连平颜氏宗亲联谊会祭拜颜思齐"。

祭典仪式按传统礼俗进行，三次上香九次鞠躬，主祭、陪祭和全体成员经过了"献三牲""献五礼""诵祭文"等数道祭献程序，历时近一个钟头。祭典场面庄重热烈，洋溢着后裔宗亲对开台先贤浓烈的景仰之情，也洋溢着两岸胞波兄弟血浓于水的浓浓亲情。在场的台湾人士说：这可是386年来两岸宗亲首次联袂共祭颜思齐，可谓盛况空前，令人感受暖暖乡情与亲情。参与祭典仪式的两岸媒体共同见证了这一盛况。

之后数日，台湾《中国时报》《联合报》《旺报》、台湾民视、香港《文汇报》、《厦门日报》以及中新网、中国台湾网、厦门卫视、厦门网等两岸大报、电视媒体和网站纷纷以醒目标题报道了"两岸颜氏后裔共同祭拜开台王颜思齐"的消息。

（注：本文作者即本书作者，该文发表于福建省《海峡通讯》2011年第5期）

第六章 两岸共同缅怀"开台王"

四、开台事迹上银幕进教科书

为加大对开台王颜思齐筚路蓝缕开发台湾动人事迹的宣传,由央视纪录国际传媒有限公司、厦门文广影音有限公司、海沧区广播电视台联合制作、海沧区策划投资主创的大型人文历史纪录片《开台王颜思齐》于2016年上半年制作完成。该片讲述明朝"海上丝绸之路"逐渐衰落的大背景下,开台王颜思齐在沿海地区组织民众开发台湾、建设宝岛的故事反映古代中国人在开拓和守卫疆土、传播中华文明等方面做出的贡献。这部作品在建设"21世纪海上丝绸之路"的背景之下,这部作品梳理海峡两岸地缘、亲缘、血缘、文缘、法缘和商缘,旨在唤醒两岸民众文化认同感及民族认同感,实现同根同祖的两岸同胞精神统一、文化融合。2016年9月11日,该片在中央电视台纪录频道(CCTV-9)晚间黄金时段全球首播,随后又安排了十多次重播。该片备受好评,引发闽台两地观众及文史专家的强烈关注,掀起一股缅怀开台先贤开台壮举的热潮。许多观众看了后纷纷发表观后感,有观众说:

颜思齐三番五次被官府通缉追杀,但他在每一次的逃亡中都发掘出自己的新才能,并且走出一条让历史铭记他的路——这就是发现和开拓台湾的路。他不畏风雨,与命运搏击,开创了属于自己的世界,他是真正的勇士!今天的台湾,再也不是当年颜思齐登陆的那个瘴气弥漫、一片荒芜的海岛了。今天的台湾,永远会记住这个改变了它的历史的人。今天,我们应该让颜思齐的开拓进取精神永远立在中国人的心中。[①]

[①] 《他的名字,和台湾紧紧相连——海沧区中学生观后感言》,《厦门日报》2016年11月14日。

海沧自贸园区两岸志愿服务队负责人、台胞张育琦看了纪录片《开台王颜思齐》后感慨说：400年前，这位"开台王"带领3000多名大陆居民前往台湾，促进大陆与台湾的文化交流，也为台湾后来的发展奠定了基础。如今，能在"开台王"的家乡工作创业，她感觉就像回家一样。她希望这部纪录片能走进台湾。①

"他是一个传奇人物，不畏艰险、不言失败。"厦门海沧青礁村老村民颜有能说，从小听"开台王"的故事长大，纪录片让他对先祖颜思齐的形象和事迹有了更加完整清晰的认识。颜有能表示，颜思齐敢于开创伟业的精神，激励着一代又一代的颜氏宗亲："我们颜氏能走出这样一个'开台王'，是我们的骄傲。"②

"400年前，颜思齐组织3000多名大陆居民到台湾艰难拓荒，开拓疆域。当年先祖来台湾开垦，才有现在这么多颜氏宗亲的子孙。"台湾台中市大甲镇澜宫董事颜清标表示，作为一名在台颜氏宗亲，非常希望借助这部影片宣传，让"两岸一家亲"的亲情变得更加浓厚。③

台湾南投县文化局局长林荣森表示："想不到大陆有如此宏大的制作。希望这部纪录片能早日在台湾播放，让更多台湾年轻人了解这段历史。"④

海峡两岸关系协会原副会长、厦门大学新闻传播学院院长张铭清介绍说，如今在台湾有颜思齐纪念碑、思齐阁、颜氏大庙，颜思齐得到50多个宫庙的供奉。

颜思齐开发台湾的事迹还写进了台湾高中课本。这部纪录片的拍摄，

---

① 《〈开台王颜思齐〉获权威奖已在CCTV9重播十多次》，《厦门晚报》，2016年11月13日。
② 《〈开台王颜思齐〉央视直播 引两岸民众热议》，东南网，2016年9月19日。
③ 《〈开台王颜思齐〉央视直播 引两岸民众热议》，东南网，2016年9月19日。
④ 《〈开台王颜思齐〉获中国电视纪录片长片十优作品》，新华网，2016年11月15日。

也让"开台王"颜思齐这座丰碑永远高耸在两岸同胞的心里。①

据悉,这部纪录片还得到国务院台湾事务办公室和海峡两岸关系协会的肯定和赞誉。海峡两岸关系协会副会长孙亚夫评价:

> 该片具有重大意义!既是纪念先贤、弘扬乡土文化,更是深化两岸认同,加强两岸融合,推进中华民族的伟大复兴。②

图6-9 《开台王颜思齐》历史纪录片在2016年10月获中国电视艺术家协会第22届"十优"作品奖项(全国纪录片最高奖)

2016年11日至14日,第22届中国纪录片学术盛典暨第3届深圳青年影像节在深圳举行,《开台王颜思齐》荣获本届中国电视纪录片长片"十优"作品奖,成为全国县区级地方政府主创唯一获此奖项的纪录片,

---

① 《〈开台王颜思齐〉央视首播 引两岸民众热议》,东南网,2016年9月19日。
② 《〈开台王颜思齐〉获中国电视纪录片长片十优作品》,新华网,2016年11月15日。

并被中央电视台纳入重大纪录片长期备播库。

本届文化盛典的评选是由中国电视艺术家协会、中国电视艺术家协会电视纪录片学术委员会联合举办，盘点了近两年来全国最优秀的纪录片作品。组委会评委们认为，《开台王颜思齐》兼具文化历史价值、时代价值和学术价值，是一部恢弘壮丽、雅俗共赏的精品之作，为两岸文化深度融合提供了全新模式和范本。[1]

是的，不仅台湾，两岸同胞都应该了解颜思齐为开发台湾所建立的重大丰功伟绩，了解台湾是两岸同胞共同胼手胝足、艰苦奋斗、历经千辛万苦开发出来的，才成为今天的"宝岛"，自然是祖国不可分割的领土。

更让人高兴的最新消息还有：据台海网2020年12月16日报道，颜思齐（开台事迹）被写入国家统编历史教科书。全国七年级（初中）历史课本"郑成功收复台湾"一目中，增加了"相关史事"栏目，介绍颜思齐率众开发台湾的史实内容，该教科书于2021年春季开学正式启用。附栏"相关史事"表述的具体内容如下：

大陆居民在宋元时期开始移居台湾垦殖。明朝末年，在荷兰人入侵台湾之前，颜思齐等人招募福建沿海地区数千人到台湾岛，筑寨定居，开垦荒地。随后，福建官府、郑芝龙等大量招募福建、广东等地的居民到台湾，发展台湾的农业生产和海上贸易。由于迁居台湾的闽南人居多，闽南方言所称"大员""台员""大湾"等，逐渐演化为"台湾"。明末公文开始正式使用"台湾"的称谓。[2]

将颜思齐开台事迹写入国家统编历史教科书意义重大，这将进一步揭示中国人最早开发经营台湾的历史事实，再一次彰显台湾自古隶属于中国的法理依据，也正好给本书画上了圆满的句号。

---

[1] 《〈开台王颜思齐〉获中国电视纪录片长片十优作品》，新华网，2016年11月15日。
[2] 综合新华社厦门新闻、中科网、厦门卫视等媒体报道。

五、开台文化公园青礁奠基与竣工

2017年6月16日,第九届"海峡论坛"活动期间,酝酿已久的"开台文化公园"建设项目选址颜思齐故乡海沧青礁村隆重举行奠基典礼,本书作者应邀出席,百余名来自海峡两岸和世界各地的颜氏宗亲赶来这里,为的不仅是寻访宗亲、维系情感,更重要的是共同见证代表两岸血脉凝聚建筑的落地,共同纪念和缅怀先贤的开台伟绩,传承不畏艰难、开拓进取的开台文化。开台王颜思齐,明朝后期出生于海沧青礁村,他率领郑成功的父亲郑芝龙等数百名闽南健儿,纵横台湾海峡,拓展海上贸易,最早驻扎屯垦定居台湾,实现了台湾由莽荒迈向文明的起步,史称"开台王"。

"整个公园建设工期是一年,争取在明年"海峡论坛"召开前建成投用。"奠基仪式负责人青礁村颜主任表示,建设开台文化公园是两岸同胞共同追念先贤、传承开台文化的一大盛举,洋溢着浓烈的家国情怀。

"闽南颜氏血缘流传有400余年,从青礁辗转到日本再到南台湾,我们现在每年都相聚在这里,并以勤俭、仁善和拼搏进取的家风家训勉励晚辈,增进两岸的情感认同。我们下一代,只有通过更多这样亲身参与的文化交流,才能更加直观、更加深切地感受到两岸的同胞血浓于水的那份重量"。应邀前来参加奠基仪式的台湾颜氏总会会长颜武胜表示,只有坚持不懈地加强两岸文化交流,才能不断拉近认知,增进两岸同胞的感情,加强心灵沟通,推动两岸关系发展,而开台文化公园未来也将成为两岸文化交流的重要场所,是重要的两岸文化、情感交流平台。

图6-10 青礁开台文化公园奠基仪式上，海沧区领导和两岸宗亲挥锹奠基
（作者摄）

开台文化公园项目由两岸民间发起，得到海内外颜氏宗亲、社会各界共同响应与努力。原台湾大学建筑与城乡发展研究基金会规划师、现任厦门市海沧区青礁村主任助理的李佩珍告诉笔者：

2017年2月，青礁村开始"开台文化公园"的筹备工作，区政府十分重视这项涉台工程，拨出了专项工程款，还发动海内外乡亲为这项工程献爱心。短短四个多月时间，颜氏宗亲奔走金门台湾，加上侨界同胞的热烈响应，共募集了300多万元的民间捐款，用于开台文化公园建设。

台湾颜氏总会会长颜武胜表示，这次祖居地筹建开台文化公园，两岸宗亲都积极响应，显示出颜氏子孙的团结之情，也将增进海峡两岸人民的情感认同。

奠基仪式结束之后，两岸宗亲代表还就怎样传承美好家风家训、弘扬开台王开拓进取精神、维护两岸和平与发展、促进祖国早日统一等议题与大陆宗亲和文化界人士在美丽乡村建设示范点青礁村院前社进行座谈。

● 后续链接——青礁"开台文化公园"竣工开园

青礁"开台文化公园"破土奠基仪式屈指算来至今已近2年了,工程进展如何?对这事牵挂的本书作者,在本书即将结尾之际的2019年4月份,拨通了青礁朋友、厦门市姓氏源流研究会颜氏分会秘书长颜水荣的电话,得到的回复令人高兴:该项目工程开工之后,因某些意外因素拖延一段时间,但之后继续进行,目前大部分项目基本完成,现正进入扫尾阶段,预计在2019年6月可以全部完工并对游客开放。

果然,6月10日,笔者就接到了颜水荣(厦门市颜氏文化研究会秘书长)、颜建春(青礁村颜氏宗亲会会长)发来的"青礁开台文化公园落成庆典邀请函",该函内容这样写道:

颜思齐是明朝后期东南沿海海商集团的领袖,是中国大陆大规模组织民众移居台湾、开发台湾第一人(后被尊称为"开台王")。为缅怀开台先贤的丰功伟绩,颜思齐的故乡——厦门海沧青礁村,筹资兴建一座"开台文化公园"。今"开台文化公园"已经竣工落成,并定于2019年6月14日上午9:00开始,在青礁村举行庆典活动,敬请莅会,共襄盛举。

笔者非常高兴地接受了邀请,与闽南师范大学闽南文化研究中心邓文金教授一起参加了这场隆重的、高规格的庆典活动,亲历了这一值得铭记的历史时刻:

5—6月(农历四至五月)是闽南的雨季,连续多天的大雨为端午节的传统"划龙舟"纪念爱国诗人屈原提供了最佳的江河水位。6月14

日一早，天空突然放晴，这一天，正好是海沧青礁"开台文化公园"的竣工典礼暨开园仪式，久违的艳阳蓝天，是为这一盛典活动送来的最好礼物。

图6-11 历史记住了这一天——2019年6月14日，两岸首座纪念颜思齐的开台文化公园在海沧青礁竣工开园（作者摄）

上午9时整，海沧青礁"开台文化公园"开园仪式正式举行，中华全国台湾同胞联谊会（以下简称"全国台联"）党组书记、会长黄志贤，国务院台湾事务办公室交流局局长黄文涛，厦门市政协主席张健，厦门市委常委、海沧区委书记林文生等领导，台湾嘉宾连胜文，台湾颜氏宗亲会颜武胜、颜宽恒等嘉宾，两岸颜氏宗亲，"开台文化公园"建设者，以及各媒体共计600余位海峡两岸宾朋，云聚开台公园颜思齐雕像前广场上，共襄竣工典礼和开园盛举。这是大陆第一个以纪念颜思齐开台文化为主题的公共场所，历经两年建设，顺利竣工并开园。

图6-12 青礁村开台文化公园颜思齐雕像揭幕（作者摄）

"开台文化公园"占地面积3.34万平方米，公园的设计充分融入开台文化历史元素和闽南风格，位于公园中心位置主体建筑是模仿开台"主寨"模式的"思齐堂"，占地600平方米，是一座红砖红瓦、燕尾屋脊闽南风格的二层楼阁。"思齐堂"前的步道两侧是模拟颜思齐倚靠台湾云林县笨港（今北港）溪为屏障建立的"十寨"，各立着有"十寨"名字的石碑，步道穿"十寨"而过，到达"思齐堂"。"思齐堂"一楼主要作为公共区域，刚刚开幕的"情牵两岸"台海摄影展和"两岸同根"专题展就在这里展出。二楼则被打造为两岸同根开台文化展示馆，这是公园最核心的部分。展示馆分为"青礁史话""思齐开台""潮涌沧江"三大部分，以颜思齐开台文化为主线，展示丰富的开台历史内涵，讲述明清时期以闽南人为主力军的大陆垦民不畏艰险、渡过台湾海峡的黑水沟、前赴后继开发台湾的动人故事，揭示两岸交流的紧密源流，展示闽台两岸的人文史实。

开园仪式开始，全国台联黄志贤前会长首先致辞。他热情洋溢地指出：公元1620年代，颜思齐率领数以千计的闽南乡亲纵横台湾海峡，开垦台湾，扎根宝岛，织牢了跨越海峡的血脉亲情和悠悠乡愁，是两岸同胞共同敬仰的民族英雄。民间尤其是两岸颜氏宗亲发起建设的开台文化公园，是祖国大陆第一座以纪念颜思齐开台文化为主题内容的文化设施。这座公园的建成，不仅重光了颜思齐的丰功伟绩，本身也是两岸同胞血浓于水、同根同种的例证。海沧台商投资区管委会和海沧区人民政府，为开台文化公园建设提供强有力的支持和保障，充分体现了在推动两岸融合发展和中华民族伟大复兴进程中先行先试、探索创新的责任感和使命感。他祝贺这座有着历史和现实意义的"开台文化公园"顺利建成并开园，号召两岸同胞共担民族大义，共创美好未来，为中华民族伟大复兴做出新的更大贡献。①

图 6-13 开台文化公园开园仪式洋溢着欢乐的气氛（作者摄）

黄会长致辞之后，厦门市政协主席张健宣布正式开园。两岸嘉宾代表一起为园区主建筑思齐堂前面的颜思齐石雕像揭幕，当蒙着颜思齐雕像的红绸布被徐徐拉开时，顿时礼炮响起，五颜六色彩条纸飞向天空，会场欢声雷动，把开园仪式引向高潮。

花岗岩雕像虽然仅有半身，那粗犷的刀法，不失细腻的流畅线条，

---

① 笔者现场录音整理，部分摘引《福建日报》记者周思明：《厦门海沧开台文化公园开园》，福州新闻网，2019 年 6 月 15 日。

栩栩如生地呈现颜思齐伟岸魁梧的身躯，浓眉大眸的眼神流露出这位17世纪"开台王"睿智而侠义的内心世界和坚毅不屈的执着精神。该雕像是根据有关颜思齐的古文献图文资料，并采集当代两岸颜氏男士的相貌特征数据，邀请厦门工艺美术学院刘毅教授及其团队创作而成，这些元素的融入使雕像有种亲切感，并与多年研究颜思齐的笔者心中的形象相吻合，可以说，这是迄今为止两岸第一尊成功的"开台王"塑像。

在欢乐的气氛中，国务院台湾事务办公室交流局局长黄文涛在致辞中希望开台文化公园在传承历史文化、传承开台文化精神方面发挥积极作用，让更多两岸同胞来到颜思齐的原乡，在这里增强对两岸同胞同根同源的认识，感悟先民奋力进取的开拓精神，激励两岸同胞携手同心、共同推进两岸关系和平发展。

海沧区委书记林文生致辞表示：开台文化公园的建设是为了缅怀先贤，明白自己从哪儿来，清楚我们要往哪儿去。海沧台商投资区成立30周年来，海峡两岸的建设者们传承发扬颜思齐开拓创新的精神，共同打拼，将海沧从偏居一隅的闽南小渔村发展成为一座具有国际风范的海湾城区。同时，海沧也始终不忘开台文化中的拼搏进取精神，努力推进经济社会各领域持续进步，并与台湾同胞共享发展机遇、共同开创民族复兴的伟大篇章。[①]

台湾颜氏宗亲总会会长颜武胜在贺词中回顾了颜思齐开拓台湾的丰功伟绩，介绍了台湾同胞不忘颜思齐开拓台湾给后人带来的福祉，在颜思齐开发的发祥地嘉南平原先后建起了颜思齐开发台湾的纪念碑、思齐阁、怀笨楼等建筑物。今天祖国大陆也建起了开台文化公园纪念颜思齐，他代表台湾颜氏宗亲对这座公园的建成和开园表示衷心的祝贺，对海沧区管委会的支持及青礁村宗亲的努力表示感谢。他说，闽南颜氏在台湾

---

① 以上讲话内容均是笔者现场录音摘要。

血缘流传400余年，现共有颜氏宗亲10多万人，可谓枝繁叶茂。我们积极推动和响应筹建开台文化公园，积极捐钱筹款，显示出颜氏子孙的团结之情，充分体现"两岸一家亲"理念。寄盼两岸民众心手相连，与祖国共同迈进。①

台湾青年发展基金会董事长连胜文向青礁村民代表、厦门海沧区青礁颜思齐文化中心主任颜建春赠送连战题词，以及连横著作《台湾通史》，赠送的连战题词是："开台先驱，功在千秋；名振两岸，光耀中华"。全国台联文宣部部长陈小艳也向园区赠送精印复制版《台湾通史》。

两岸来宾代表还在颜思齐雕像前两侧草坪种植"同心树"。

开园仪式由海沧区管委党工委委员、管委会副主任，区委副书记曹放主持。

仪式结束后，两岸来宾一同游览了海沧青礁开台文化公园，并参观了"两岸同根"开台文化展及"情牵两岸"摄影展。

央视网、人民网、中国台湾网、《福建日报》、海峡网、《厦门日报》、《厦门晚报》、《海西晨报》等媒体报道了这一盛况。

这项工程的竣工，以及颜思齐开台事迹进七年级中国历史教科书，都为笔者拙著《开台王——颜思齐传》画上了圆满的句号，也标志着大陆对"开发台湾第一人"颜思齐所建树的功绩有了一个肯定和缅怀的平台，从而使纪念活动从精神到物质完成了一个华丽转身，上升到了一个新的高度。

笔者身处这激动人心的场面，感慨之余，赋诗一首以抒胸臆：

一介裁缝立雄心，
开发"东番"募垦耕。
史上多谬称"海寇"，

---

① 作者现场录音整理摘要。

第六章 两岸共同缅怀"开台王"

却是开台第一人。

率领队伍笨港登,
开辟荆棘抚"番"民。
十寨九庄今安在,
百镇千街看嘉云。

壮志未酬身先殒,
长使英雄泪满襟。
《台湾通史》冠列传,
闽南故里慰英灵。

图 6-14 作者应邀参加开台文化公园开幕式,在开台文化公园颜思齐像前留影(郑亚金摄)

未完的话

21世纪初，由于台湾问题在大陆经济社会发展中、在实现中华民族伟大复兴的过程中显得日益重要，以研究地方史为主要方向的笔者开始试着把科研工作侧重点转到研究台湾开发史，不曾想到这个领域还颇有研究空间，特别是明末清初台湾开发时期的诸多闽南籍先驱者筚路蓝缕，冒着种种艰难险阻，甚至付出生命的代价，为开发当时还是荒陬僻隅、瘴疠肆虐的这座岛屿做出了卓绝的贡献，以致连横在《台湾通史·卷二十九·列传一》中非常感慨地叹道：

台湾固海上荒岛，我先民入而拓之，以长育子姓，至于今是赖。故自开辟以来，我族我宗之衣食于兹者，不知其几何年。而文史零落，硕德无闻，余甚憾之！[1]

令人最感慨的，就是在田野调查中听到的"田夫故老，往往道颜思齐之事"，颜思齐并被摆在《台湾通史》列传的首位。这句话和他在"列传"的重要位置使笔者对颜思齐产生浓厚的兴趣。"文史零落，硕德无闻"的原因，导致"列传"对他的叙述只有粗线条的600字的简单介绍。这

---

[1] 连横：《台湾通史》卷二十九《列传一》，九州出版社，2018年版，第441页。

显然与颜思齐作为开发台湾重要人物"列传"之首的身份极不相称。笔者从那一刻就决定,要努力地广泛搜集资料,哪怕是蛛丝马迹的线索也不能放过,要按照线索提供的史料或地点跟踪收集。笔者作为历史学者深知,像颜思齐这样一介布衣,是不可能把他列为官史中"传"的对象,所以必须另辟蹊径,用笨办法,下苦功夫,根据连横《台湾通史·列传一》所透露出的其生平各阶段走过的足迹,笔者深入其生活过的地方进行实地田野调查,采访一代代知情人口碑相传的关于颜思齐的故事,力图写成一本比较接近历史真实的"开台王"传记。

历经十多年的辛苦与努力,终于拥有了可以写成一本小册子的相关资料。笔者履职的漳州市委党校、应聘的闽南师范大学闽南文化研究院、两岸一家亲研究院的领导和同仁都鼓励说,这是一项很有意义的研究课题,对现在两岸流行的关于颜思齐的各种不实的,甚至荒诞不经的说法,是一个正本清源之举,对今天台湾岛内许多"台独"分子数典忘祖、"去中国化",妄图把台湾从中国版图上分裂出去也是一个有力回击。这些鼓励话语让笔者颇受启发,深感责任重大。去年,笔者开始动笔本拙作,在这过程中,青礁村挚友、厦门市颜子文化研究会秘书长颜水荣,海沧区青礁颜思齐文化中心主任颜建春以及漳州市博物馆、龙海一中洪达勇及其儿子洪一鸣,金门县宗亲何应权等也都热心提供了许多宝贵图片、史料。笔者亲属王金水帮助翻译日本学者有关颜思齐的一些日文资料。初稿完成之后,又经福建省社会科学联合会科普部、台湾《远望》杂志社总编石佳音及编辑部朋友提供珍贵的修改意见。2018年4月,笔者应邀参加在厦门举办的"台湾档案资料及其现实价值学术研讨会",在会上经过中国社会科学院台湾研究所王建民教授的介绍,结识了台湾统一联盟党主席戚嘉林教授,当他知道笔者这本书即将问世的消息之后,欣然为该书赐序。

付梓之际，承蒙全国台联杨毅周副会长厚爱，应邀拨冗挥笔为本书赐序。全国著名书法家，现任清华大学、北京师范大学孔子学院总部书法教师颜庆卫（书法硕士，曾经主编出版《基础书法教程》并被国家教委定为全国高等师范学院书法教材）拨冗为本书题写书笺。

本书得到海沧区青礁颜思齐文化中心、开台文化公园管理所、龙海市海丝文化研究会等单位的大力襄助，友情提供一些图片，闽南师范大学图书馆予以资料支持，闽南师范大学两岸一家亲研究院资助了出版经费。漳州市图书馆原馆长张大伟先生还帮助最后校对。

这样，经过几百个日日夜夜的挥汗劳思，在各方的支持下，笔者的第一本比较符合史实的、详细叙述"开台王"颜思齐生平事迹的传记作品终于告竣，承蒙九州出版社的厚爱，大力支持本书的出版。完稿付梓之际，笔者谨对上述鼎力相助的单位、领导和亲朋好友致以衷心的谢意！

笔者知道，拙著仍有不少欠缺之处，有待新史料的发现做进一步补充修改完善，同时，亦希望得到同仁对其中不足之处的不吝赐教。

2021 年 1 月于角美补拙斋

参考文献

1.（清）周钟瑄主修,（清）陈梦林总纂:《诸罗县志》,（台湾）成文出版社,1983年。

2.（明）闵梦得修:万历癸丑《漳州府志》,厦门大学出版社,2012年影印本。

3.（清）张廷玉编:《明史》,中华书局,1974年。

4.《明经世文编选录》,台湾文献丛刊第289种,台湾银行经济研究室编印,1971年。

5.郭辉译,王诗琅、王世庆校订:《巴达维亚城日记》（第一册）,台湾省文献委员会,1970年。

6.《云林县乡土历史——云林县耆老口述历史》,台湾省文献委员会采集组编印,1998年。

7.周南京编:《华侨华人百科全书·人物卷》,中国华侨出版社,2002年。

8.（清）江日升撰,刘文泰等点校:《台湾外志》,齐鲁书社,2004年。

9.蔡智明:《水林思齐》,台湾云林县文化局编印,2005年。

10.连横:《台湾通史》,九州出版社,2008年。

11.戚嘉林:《台湾史》,海峡学术出版社,2008年。

12.颜水荣主编:《浩气长存诸罗山——两岸颜思齐开台研讨会文集》,

厦门市姓氏源流研究会颜子文化分会编印，2012年。

13. 娄贵书:《日本武士兴亡史》，中国社会科学出版社，2013年。

14. 何池:《走近闽籍开台治台名人》，鹭江出版社，2013年。

15. 颜嘉德:《颜思齐开拓台湾史略》，台北，2015年编印。

16.（明）张燮:《张燮集》，中华书局，2015年。